公路工程代建
与监理融合管理

吴颖峰　陈　凯　孙庆云　著

INTEGRATED MANAGEMENT OF
AGENT CONSTRUCTION AND SUPERVISION FOR
HIGHWAY ENGINEERING

人民交通出版社股份有限公司
北　京

内容提要

本书通过对传统的工程建设管理模式、监理模式、代建管理模式等进行研究分析，针对我国公路工程建设管理存在的问题，提出了代建与监理融合管理模式。通过对此模式开展创新探索，就公路工程建设项目试点效果进行综合分析，并开展项目验证，最终构建了代建与监理融合管理模式下的企业及管理人员信用评价与约束机制框架体系。

本书内容可为公路工程项目建设管理提供有效的模式应用指导，并可用作路桥工程相关专业学生的教学参考书和公路工程项目建设管理人员的专业参考书。

图书在版编目(CIP)数据

公路工程代建与监理融合管理 / 吴颖峰等著. — 北京：人民交通出版社股份有限公司，2022.10

ISBN 978-7-114-18223-5

Ⅰ.①公⋯ Ⅱ.①吴⋯ Ⅲ.①道路施工—施工监理—研究 Ⅳ.①U415.1

中国版本图书馆 CIP 数据核字(2022)第 174444 号

Gonglu Gongcheng Daijian yu Jianli Ronghe Guanli

书　　名：	公路工程代建与监理融合管理
著 作 者：	吴颖峰　陈　凯　孙庆云
责任编辑：	袁　方
责任校对：	席少楠　刘　璇
责任印制：	刘高彤
出版发行：	人民交通出版社股份有限公司
地　　址：	(100011)北京市朝阳区安定门外外馆斜街 3 号
网　　址：	http://www.ccpcl.com.cn
销售电话：	(010)59757973
总 经 销：	人民交通出版社股份有限公司发行部
经　　销：	各地新华书店
印　　刷：	北京虎彩文化传播有限公司
开　　本：	720×960　1/16
印　　张：	11.75
字　　数：	217 千
版　　次：	2022 年 10 月　第 1 版
印　　次：	2022 年 10 月　第 1 次印刷
书　　号：	ISBN 978-7-114-18223-5
定　　价：	72.00 元

(有印刷、装订质量问题的图书，由本公司负责调换)

前　言

传统的公路工程建设管理模式对于推动我国公路建设事业的发展起到了重要作用。但是，随着社会的进步和经济的发展，目前这些管理模式也存在着一些问题，如机构重复设置、专业化管理水平不足、项目管理与监理工作有叠加重复、法人实体缺位、管理者缺乏造价控制的动力等。基于这一现状，著者开展了大量的基础性研究工作，通过梳理各类公路建设管理模式，进行代建与监理融合管理模式研究，建立了代建与监理融合管理服务费组成与计算公式。同时，结合工程试点应用情况，著者编制了代建与监理融合管理模式的实施方案与保障措施，提出了代建与监理融合管理的信用评价与考核办法，最终将研究成果汇总形成本书。具体章节内容如下：

第1章绪论，论述了国内外公路工程建设管理发展与现状。第2章公路工程建设管理模式，对现有各种公路工程建设管理模式的特点、组织架构、工作职能等方面进行了分析。第3章代建与监理融合管理模式研究，介绍了模式特点、优势、适用范围等，提出了该模式下的管理机制、企业准入门槛要求以及代建与监理融合管理服务费计取的思路与计算方法。第4章代建与监理融合管理模式的实施与保障，介绍了采用该模式的公路工程代建与监理融合管理实施方案与保障措施。第5章代建与监理融合管理模式的试点应用，针对采用代建与监理融合管理模式的3个公路工程建设试点项目开展建设管理、模式特点及创新措施的分析，通过项目验证，总结出代建与监理融合管理模式的特色与作用。第6章代建与监理融合管理的信用评价与约束机制框架体系，提出了代建与监理融合管理的企业和管理人员信用评价与约束机制框架。第7章结论与展望，介绍了代建与监理融合管理模式的研究总结与展望。

本书是浙江交通职业技术学院与浙江公路水运工程咨询有限责任公司共同开展研究与应用的成果，在此对本书团队人员的倾情付出深表感谢。

由于著者水平有限，书中难免有不完善之处，敬请广大读者批评指正。

著 者
2022 年 4 月

目　录

第1章　绪论 ··· 1
 1.1　公路工程建设管理概况 ··· 1
 1.2　国内外公路工程建设管理发展与现状 ·· 3
  1.2.1　国外公路工程建设管理发展与现状 ·· 3
  1.2.2　我国公路工程建设管理发展与现状 ·· 10
第2章　公路工程建设管理模式 ·· 15
 2.1　传统工程建设管理模式 ·· 15
 2.2　业主自管模式 ·· 16
 2.3　现有监理模式 ·· 17
  2.3.1　工程监理内涵 ·· 17
  2.3.2　监理工作内容 ·· 18
  2.3.3　监理模式分析 ·· 19
 2.4　现有代建管理模式 ·· 22
  2.4.1　代建制内涵 ··· 22
  2.4.2　代建制的必要性与作用 ·· 22
  2.4.3　代建管理模式分析 ·· 24
 2.5　代建与监理融合管理模式 ··· 37
第3章　代建与监理融合管理模式研究 ·· 45
 3.1　背景基础 ·· 45
 3.2　模式创新分析 ·· 45
  3.2.1　模式定义与工作界面划分 ··· 45
  3.2.2　模式特点 ·· 48

  3.2.3 模式优势 ·· 48
 3.3 适用范围与条件 ··· 50
 3.4 管理机制研究 ··· 51
  3.4.1 管理组织构架 ·· 51
  3.4.2 管理职责融合 ·· 53
  3.4.3 责任风险分担 ·· 55
  3.4.4 流程与工作优化 ·· 58
 3.5 企业准入制分析 ··· 60
  3.5.1 在浙从业的公路建设企业现状分析 ······························ 60
  3.5.2 代建与监理融合管理单位准入分析 ······························ 65
  3.5.3 代建与监理融合管理单位准入制门槛 ···························· 67
 3.6 代建与监理融合管理服务费分析 ···································· 70

第4章 代建与监理融合管理模式的实施与保障 ······························ 82
 4.1 实施方案 ··· 82
  4.1.1 招投标管理阶段 ·· 82
  4.1.2 项目前期准备阶段 ·· 83
  4.1.3 项目建设期管理阶段 ·· 85
  4.1.4 项目收尾管理阶段 ·· 102
 4.2 保障措施 ··· 106

第5章 代建与监理融合管理模式的试点应用 ································ 112
 5.1 试点项目实施 ··· 112
  5.1.1 实施背景 ·· 112
  5.1.2 实施目的 ·· 113
  5.1.3 临安试点项目 ·· 114
  5.1.4 湖州试点项目 ·· 125
  5.1.5 三门试点项目 ·· 133
 5.2 试点效果分析 ··· 140
 5.3 试点优势总结与比较 ··· 150
  5.3.1 试点项目优势总结 ·· 150
  5.3.2 各类建设管理模式优势比较 ·································· 151

5.4 试点遇到的困难与问题 …………………………………… 156
　5.4.1 试点遇到的困难 …………………………………… 156
　5.4.2 试点实施的问题 …………………………………… 158
5.5 试点项目最佳组合推荐与项目验证 ………………………… 161
　5.5.1 试点项目最佳组合推荐 …………………………… 161
　5.5.2 项目验证 …………………………………………… 164

第6章 代建与监理融合管理的信用评价与约束机制框架体系 ……… 165
6.1 企业信用评价与约束机制框架体系 ………………………… 165
6.2 管理人员信用评价与约束机制框架体系 …………………… 171

第7章 结论与展望 ……………………………………………………… 173
7.1 结论 …………………………………………………………… 173
7.2 展望 …………………………………………………………… 174

参考文献 …………………………………………………………………… 177

第1章 绪　　论

1.1 公路工程建设管理概况

公路工程建设项目管理是指在公路项目建设中,以系统论思想为指导,以现代先进管理理论和方法为基础,为有效达到项目预期目标,在各种外部和内部条件的约束下,依靠科学的管理方式,通过组织符合项目实际的管理机构,利用完善的项目管理系统,实现项目综合动态管理的全过程。

随着市场经济的不断成熟和发展,项目管理方式的不断演进,公路工程建设项目的日益庞大和复杂,无一不给尚处于发展时期的我国公路工程项目管理制带来了严峻的挑战。按照全面深化改革、全面推进依法治国、推进国家治理体系和治理能力现代化的总体要求,处理好政府和市场的关系,使市场在资源配置中起决定性的作用和更好发挥政府监督作用,改革完善建设管理制度,为促进公路建设科学发展、安全发展提供制度保障,已成为当前公路工程建设领域迫切的需求。

传统的公路建设指挥部模式(即"财政投资,政府管理"与"建设、监管、使用"多位一体的模式)以及当前普遍采用的公路工程项目法人责任制模式,对于推动我国公路建设事业的发展起到了重要作用。但是,随着社会的进步和经济的发展,上述这些管理模式也存在着一些问题,主要表现在以下几个方面:

(1)机构重复设置

一些政府投资工程由临时组建的基建班子负责组织实施与管理,使得政府投资工程的管理呈现出临时性和自营性的特征,所需的办公设备、试验检测设备、人员、经费等方面在不同建设项目管理时重复配置,造成了社会资源的浪费。

(2)管理水平缺乏专业性

临时组建的基建班子存在专业不配套、缺乏工程管理经验的问题,非专业人士从事专业性很强的建设工程管理,管理非其法定职责和业务范围的建设工作,建设管理水平难以提高,工程质量和进度得不到很好保证。

(3) 项目管理与监理工作有叠加重复

项目组织管理普遍由建设单位业主(项目法人)直接负责,尽管项目法人授权监理对工程质量、安全、进度、费用、合同等进行监理,但仍然无法免除项目法人应承担的管理责任,致使在实际操作中项目管理和监理的界限不清。

(4) 法人实体缺位

政府有关部门负责人在项目建设整个过程中,既是建设者,又是管理者。项目往往缺少明确的法人,因此缺乏投资责任约束机制,并引发出许多的问题,如项目建设的权责不统一、过多的行政干预,项目的资金难以得到有效控制。

(5) 管理者缺乏造价控制的动力

由于政府项目的法人机制没有真正建立起来,造成管理者的各项责任难以真正落实,更难以积极主动地控制投资,难免出现各种管理不善的现象,如决策不够成熟、随意调整方案、前期及实施阶段各环节之间相互脱节、工程建设周期长、工作效率不高、投资效益低下。

2010年8月,全国公路建设座谈会提出,公路建设管理要在推动"五化"上下工夫,其中之一就是"项目管理专业化"。

2014年12月30日,交通运输部印发《关于全面深化交通运输改革的意见》(交政研发〔2014〕242号)。意见指出,要积极试行公路建设项目自管、代建、设计施工总承包等模式,探索项目专业化管理新模式。

2015年7月,经交通运输部批复同意,浙江省交通运输厅出台了《浙江省交通运输综合改革试点实施方案》,明确了将对公路建设项目进行代建与监理融合管理模式的研究,并将对该模式进行项目试点。

2015年7月1日起施行的《公路建设项目代建管理办法》明确了代建单位的选择、项目法人和代建人的各自职责,并在第二十二条中指出,代建单位具有监理能力的,其代建项目的工程监理可以由代建单位负责,承担监理相应责任。代建单位相关人员应当依法具备监理资格要求和相应工作经验。代建单位不具备监理能力的,应当依法招标选择监理单位。

2018年1月,为推进现代工程管理,提升公路工程项目建设管理专业化、市场化水平,引导建筑业企业转型升级,促进浙江省综合交通关联产业健康有序发展,浙江省交通运输厅出台了《浙江省公路建设项目代建+监理管理暂行办法》。

为响应交通运输部和浙江省交通运输厅关于工程建设项目"提升质量、提高效率、降低投资"号召,探索开展公路工程代建与监理融合管理模式的研究,探索适合浙江省公路工程项目建设管理模式,在提升建设工程品质、提高公路建设项目管理效率与控制工程投资等方面具有重要的作用。

1.2 国内外公路工程建设管理发展与现状

1.2.1 国外公路工程建设管理发展与现状

1)美国

美国是典型的立法、司法、行政分立的联邦制国家,高速公路已覆盖其国土的80%,形成四通八达的公路网络。高速公路作为公路运输的主要方式,产值占国民生产总值的2%,其高速公路建设项目管理代表了现代西方工程项目管理的主流,是全部委托咨询公司管理(CM管理)和设计-建造模式的发源地,也是成功运用这些模式缩短工期、控制投资的典范。高速公路项目管理的参与方包括:政府(业主)、监理、管理公司、总承包商、分包商等。

美国联邦交通运输部是主管全国各种运输事务的最高行政机构,成立于1966年,下设的联邦公路管理局(FHWA)主管全美公路规划、建设、养护、运营及汽车运输。州及各地政府是高速公路建设、运营的主管机关,具体职能由相应的同级交通部门行使,州运输厅负责州际高速公路建设、运营。申请的高速公路建设项目需要通过同级财政部门及议会批准后方可得到财政拨款。

(1)管理方式

使用单位以委托人(以政府出资人代表身份称为委托人)和代建单位身份出现。在联邦政府投资工程实施的过程中,最终使用单位以及管理与预算办公室、国会以及财政部都要以不同的形式参与。

美国的高速公路属于政府投资建设项目,随着不断发展,其管理大概分为:自行管理、部分自行管理、全部委托咨询公司管理。

①自行管理

联邦政府或地方投资的高速公路工程,交通部门有较强的管理能力(或设计能力)时,工程建设管理全由政府部门负责。自行管理又分为两种:政府管理者通过招标选择高速公路建设的总承包商,总承包商再招标或委托分包商,目前该形式采用的比较少。另外一种为政府管理者除通过招标挑选总承包商外,还直接挑选分包商。美国规定:一个工程,至少由5家承包商承包建造,即总承包商(一般指高速公路土建部分)和电气、给排水等专业的承包商,以提高高速公路工程质量、减少工程投资、平衡市场供求。

②部分自行管理

当高速公路工程建设规模较大,或政府管理力量不足时,政府管理当局就会通过聘请部分监理工程师与政府管理人员共同管理。

③全部委托咨询公司管理(即 CM 管理)

当政府有关部门没有相应的管理人员或高速公路工程规模太大时,则往往全部委托给咨询公司实施全面管理。委托咨询公司的管理工程建设的具体形式也分为两种,一种是委托咨询公司挑选承包商,另一种是业主挑选承包商后再委托咨询公司管理,来加强项目实施阶段的管理。

美国公路建设项目的工程监理由交通部门自行承担。州交通厅配有专门负责工程质量控制的人员,项目的质量监理、安全监管以至现场旁站工作等均由这些人员负责。此外,州交通厅还承担质量监测职责,配有专门的检测人员负责工程质量的验收,对验收环节进行严格把关。

管理与预算办公室要对项目的预算进行审定,预算需要经国会批准后方可继续执行;财政部负责工程建设资金的集中支付。地方各州的政府投资工程的实施程序也与联邦政府基本相同;在项目的决策阶段,项目要经过同级财政部门和议会的严格审查。在项目实施阶段,则由项目的执行机关严格按照规定程序以及有关合同对项目进行严格的管理。为了防止政府投资工程实施中的腐败行为,保证投资效果,美国政府建立了相应的监督机制。对联邦政府投资工程管理部门实施监督的主要部门是国会的美国总会计师事务所下属的总审计署办公室,其有权对行政机关的投资计划进行评估,可以接触所有的政府文件,就政府机关的支出提出建议,而且可以对项目进行审计。没有中标的承包商可以直接提出"投标上诉"给政府总会计师办公室,也可以首先向负责该工程的行政机关的有关监督部门申诉以求解决纠纷。

（2）组织构架

美国公路建设项目管理的组织构架如图 1.1 所示。

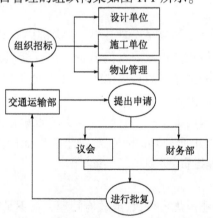

图 1.1 美国公路建设项目管理的组织构架

(3) 特点

监督约束机制保证了工程质量、时间、成本等重要方面的达标,甚至超额完成目标。此外,实现了管理集中化、专业化,使得政府投资的使用效率较高;监督机制有效地防止了舞弊;这种委托方式属于内部委托,可以采用行政命令等手段进行管理,委托成本低,操作灵活。但在承包商招投标过程中也容易滋生寻租行为。

2) 英国

英国的建筑工程项目分为两类:一是私人工程项目,二是政府工程项目。

(1) 管理方式

英国涉及政府投资建设项目的管理经历了以下演变:最初,政府建筑工程是由公共建筑部负责的,采用以工程清单为基础计算的工程合同管理。随后政府采用了 PSA(Property Service Agency)模式,即"财产服务代理"。PSA 以项目管理者的身份代表政府对项目进行管理,一方面 PSA 雇佣建筑师、测量师等工程师组建相应的管理机构;另一方面,PSA 也委托咨询机构完成专业化的咨询工作。PSA 模式在二战后曾被广泛使用,后来由于政府公益性投资项目的减少而逐渐减少。近年来,英国政府投资建设项目逐步采取建立经审查的承包商/咨询人员清单(即 DETR/NQS 体系)及设立合同处等方式实施管理。

通过实施 PSA 的管理模式,PSA(专家机构)在业主(政府)与承包商之间建立了一种良好的联系,同时 PSA 机构制定的政府项目合同形式对保证项目能顺利实施起到积极作用。

(2) 组织构架

英国政府投资项目管理的 PSA 模式及英国政府 DETR/NQS 体系项目的组织构架如图 1.2、图 1.3 所示。

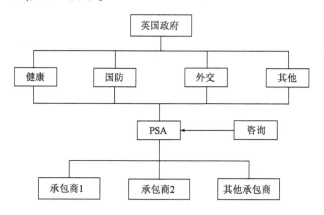

图 1.2 英国政府投资项目管理的 PSA 模式

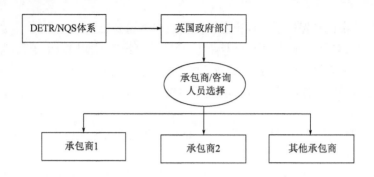

图1.3 英国政府DETR/NQS体系项目的组织构架

(3)特点

PSA模式的优点在于减轻了政府负担,实现了政府投资项目的专业化管理,降低了项目的组织成本和运作成本;但是,PSA在寻找承包商的环节中也极易产生寻租行为,因此对于PSA的监督尤为重要。

实行DETR/NQS体系在很大限度上减轻了政府的工作负担,简化了工作程序,降低了组织成本与运作成本,并且通过资质审查环节,有效地降低了产生寻租行为的可能性。其不足之处在于需要行业协会的支持,以制定和不断更新具有资质的承包商/咨询人员清单,这就要求政府对行业协会进行扶植和培养。

3)德国

德国政府投资项目的立项,一般是由项目使用部门提出立项申请,由财政部和建设部共同审查,通过专门的机构进行具体运作。财政部主要从财政资金角度对项目进行审批,建设部则从技术细节上审查可研报告。财政部审批确定投资额,在该投资额范围内,由建设部代表国家组织管理工程项目建设,即建设部是国家投资项目的业主,通过专门的机构(建设部建筑局)进行具体运作。

(1)管理方式

德国实行三级监督机构,一是专门的内部监督机构,二是审计监督,三是通过联邦议会进行监督。德国对于行贿受贿的处罚相当严厉。

政府投资项目必须严格执行《联邦招标投标法》的规定大于500万欧元(约3670万元人民币)工程或20万欧元(工程造价的4%)的设计和采购项目都必须在欧盟范围内公开招标,200万欧元至500万欧元的项目必须在联邦范围内招标。如果投标单位对招标过程的公正性持有异议,可以起诉。

(2) 组织构架

德国公路建设项目管理的组织构架如图1.4所示。

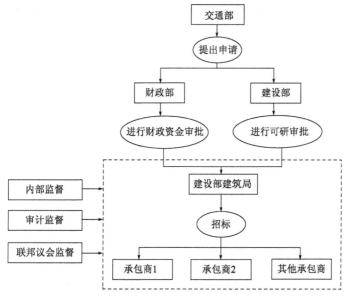

图1.4　德国公路建设项目管理的组织构架

(3) 特点

德国模式的优点在于审批程序严格,很好地控制了工程造价;实现了管理专业化;具备完善的监督机制、投诉机制和惩罚机制,有效避免了寻租行为的发生;该委托属于内部委托,委托成本低。

4) 日本

日本高速公路建设管理模式经历几十年的实践,不断调整、完善。最初日本政府主管工程建设的部门为建设省,建设省负责建设国家机关、教育、文化、社会福利的建筑设施,为政府设施的维护提供指导,制定技术标准,并对维持政府设施的正确机能提供指导。

为提高高速公路建设进度,政府相继成立日本道路公团(1956年)、首都高速道路公团(1959年)、阪神高速道路公团(1962年)以及本州四国联络桥公团(1970年)四家特殊法人,负责国家和城市高速公路网建设和运营。道路公团的成立,极大地促进了日本国家高速公路网的发展。

进入20世纪80年代之后,官僚组织的僵化、行政效率低下和贪污腐败等现象受到广泛的诟病。在这种背景下,日本开始出现要求对特殊法人进行改革的呼声。到1990年初,日本的泡沫经济破灭之后,道路公团的财务状况随之逐渐恶化,长期公路建设积累的债务负担居高不下,利用通行费收入难以按计划偿还高额债务。2005年10月,四个道路公团进行民营化改革,按照地域原则拆分为六家高速公路管理公司,实行自主经营,由此进入高速公路公司时期。六家高速公路管理公司分别为东日本高速公路公司、中日本高速公路公司、西日本高速公路公司、首都高速公路公司、阪神高速公路公司、本州四国联络桥高速公司。

(1)管理方式

建设省对中央政府公款投资项目进行直接实施管理。在道路公团民营化改革以后,日本高速公路建设项目管理的责任主体是高速公路公司。首先,高速公路公司就拟建的高速公路的路线、工程内容、债务继承额度等事项与专门的高速公路保有及债务偿还机构(JEHDRA)签订协议。然后,基于该协议,高速公路公司将建设的高速公路路线名、工程内容、收费费率和收费期限等事项呈送国土交通省,并由国土交通大臣下达建设许可。

在项目组织实施阶段,高速公路公司首先组织开展项目概略设计(类似我国的工程可行性研究),并召开项目说明会,对线路将要穿越的县、市等区域的利益相关群体就项目情况进行说明。在获得相关利益群体的土地进入许可后,开展勘测工作,并据此进行初步设计(类似我国的初步设计)。公司根据初步设计成果,同铁路、河川、环保、公共安全、地下管线等的相关主管部门进行沟通磋商,达成设计协议。根据协议,再对初步设计方案进行优化、调整,并进一步形成详细设计(类似我国施工图设计)。依据详细设计成果,开展用地测量,明确项目建设所需土地,并同土地所有者进行谈判及土地收购。施工由公司自己或通过招标方式选择公路建设公司承担。施工完毕后,需要通过国家相关部门的检查验收后才能开通运营。

高速公路公司建成公路,在转入运营前,要将高速公路资产和债务移交给JEHDRA,由JEHDRA负责还债。高速公路公司负责运营,按规定向JEHDRA上缴租赁费。

建设省对中央政府公款投资项目直接实施管理。虽然日本的机场、港口、铁路的建设由运输省负责,但是这部分业务仍旧归建设省管理,实现建设省对各类工程建设的统一管理。建设省下设有一些公团、公社组织,负责政府投资或贷款工程的建设、开发和改造工作。如住宅、都市整备公团成立于1981年,负责建造学校、住宅、道路,改造整治旧城区,是"官办民营"的特殊法人单位。

道路公团时期的管理由道路公团具体负责,内部成立管理部门,负责工程的质量进度等;高速公路公司时期的管理由政府监管与公司内部工程监管相结合,政府主要通过立法来约束公司行为,成立专门的高速公路保有及债务偿还机构

(JEHDRA)来保证高速公路工程质量。在具体建设施工中,高速公路公司负责高速公路建设项目管理与质量监督工作,为工程质量负责。

(2)组织构架

道路公团时期日本公路建设项目管理的组织构架和高速公路公司时期日本公路建设项目管理的组织构架图1.5、图1.6所示。

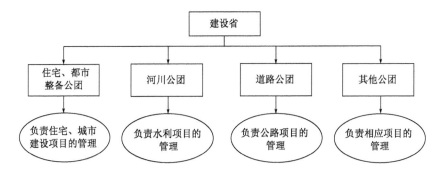

图1.5 道路公团时期日本公路建设项目管理的组织构架

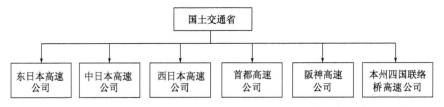

图1.6 高速公路公司时期日本公路建设项目管理的组织构架

(3)特点

道路公团时期的优势在于省去了招标工作,节省了招标所必需的人力、物力、财力,省去了组织成本和运作成本;实现了项目的专业化管理。但是这种"官办民营"的模式实质上依然形成行业垄断,不可避免地会出现寻租腐败行为。因此,将道路公团改革拆分为高速公路公司管理,使公路公司的服务效率与经营状况得到大幅度提高,高速公路收费标准大幅下降,并提高了道路交通安全。

5)新加坡

新加坡政府国家发展部设立建屋发展局和公共工程局,分别负责公营住宅和政府工程的建设与管理。

(1)管理方式

新加坡的建屋发展局和公共工程局是国家发展部属下的法定机构,项目所有的专业服务如规划、设计、工程和品质测量都由建屋发展局和公共工程局提供。实际的工地施工是通过公开招标的方式让私人承包商承建,工地的监督工作则是由建屋发展局职员负责。

(2)组织构架

新加坡工程建设项目管理的组织构架如图1.7所示。

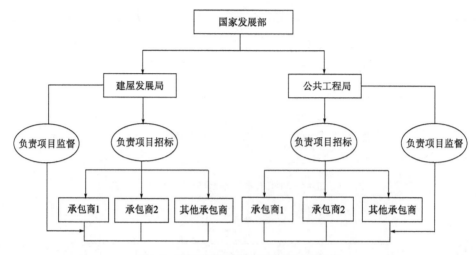

图1.7 新加坡工程建设项目管理的组织构架

(3)特点

省去了招标工作,节省了招标所必需的人力、物力、财力,以及这一环节的组织成本和运作成本;实现了工程项目的专业化管理;较日本模式避免了代建单位与政府机构之间的寻租;这种内部委托方式节约了委托成本。

但是这种代建制实质上依然形成行业垄断,不可避免地在承包商与代建单位之间会出现寻租腐败行为;并且对于代建单位的激励与监督成为亟待解决的问题,即组织成本问题。

1.2.2 我国公路工程建设管理发展与现状

20世纪90年代,我国公路工程项目法人制正式确立。公路工程项目法人制度和公路工程施工监理制度、公路工程招标投标制度以及公路工程承包合同制度一起,共同构成了新型的公路建设项目管理制度,并在应用中得到进一步完善。在新型的公路建设项目管理制度下,公路建设涉及项目管理的主体、施工任务的承发包、项目融资方式等方面的工作。工程项目管理模式类型较多,有的以项目法人成立临时指挥部的形式开展项目管理;有的按照工程承发包方式的不同进行分类,分为施工总承包、设计施工总承包等;有的以项目融资方式的不同进行分类,分为 BOT(Build-Operate-Transfer,建设-经营-转让)、TOT(Transfer-Operate-Transfer,移交-经营-移交)等;有的按照指标委托方式开展项目代建管理。

此外,公路工程项目管理的参与者有业主、咨询、监理、设计、检测、施工单位等。业主与工程咨询方、项目管理方、设计方之间的关系是委托与被委托的关系,业主与承包商之间的关系是承发包关系。项目管理模式应该囊括各方的关系,最重要的是委托关系与承发包关系。

1) 项目法人制

从 1996 年起,公路工程建设开始施行项目法人制。1996 年 3 月 16 日国家计委颁发了《关于实行建设项目法人责任制的暂行规定》,规定了公路建设项目应当按照国家有关规定实行法人负责制度、招标投标制度和工程监理制度,项目法人应编制并组织实施项目年度投资计划、用款计划、建设进度计划,组织工程建设实施,负责控制工程投资、工期和质量。2000 年 8 月 28 日交通部第 7 号令颁发了《公路建设四项制度实施办法》,明确凡列入国家和地方基本建设计划的公路建设项目必须实行项目法人责任制度,由项目法人对建设项目负总责。目前我国高等级公路建设项目法人组建大概有三种模式:一类是由省里组建建设局进行垂直管理的事业单位模式,一类是由高速公路集团或投资公司组建项目公司进行管理的公司模式,还有一类是聘请代建企业管理的代建制模式。

项目法人责任制明确了项目法人的管理主体责任,规范了项目法人主体行为,明确了项目相关各方的责权利关系,提升了项目管理水平,提高了投资效益和社会效益。

2) 工程监理制

我国的建设工程自 1988 年开始试点建设监理制度,监理行业一直在国家政策的大力支持下发展。此后,建设工程监理制度经历了试点阶段(1988—1992 年)、稳步发展阶段(1993—1996 年)和全面推行阶段(1997 年至今)。1997 年颁布的《中华人民共和国建筑法》明确规定我国推行建设工程监理制度,并授权国务院规定实行强制监理的范围。这是国家首次在基础的法律框架上做出明确规定,其中首次明确了"建设监理制由国家实施"。从此施工监理在全国进入全面实施阶段。监理单位利用专业化的技术及手段对建设项目进行监理,使建设项目的各方面指标能够达到业主及国家规范标准的各项要求。随着我国经济的发展和建设市场管理不断走向成熟,逐步制度化和系统化,公路建设工程监理事业发展已初具规模。

3) 工程代建制

工程代建制在 20 世纪 90 年代进入我国,代建制工程项目管理模式在中国源于厦门。从 1993 年开始,厦门市在深化工程建设管理体制改革的过程中,针对市级财政性投融资社会事业建设项目管理中"建设、监管、使用"多位一体的弊端,以及由此产生的工程项目难以依法建设、工程建设管理水平低下和贪污腐败等问题,通过采用招标或直接委托等方式,将一些基础设施和社会公益性的政府投资项目委托给有实力的代建企业,由这些代建企业代替业主对项目实施建设管理,并在改革中不断对这种方法加以完善,逐步发展成为现在的代建制工程项目管理模式。2001 年 7 月,厦门市开始在重点工程建设项目上全面实施代建制工程项目管理模式,制定了《厦门市重点工程建设项目代建管理暂行办法》。2002 年 3 月,厦门市开始在土建投资总额 1500 万元以上的市级财政性投融资建设的社会公益性工程项目中实施项目代建制度,并制定了《厦门市市级财政性投融资社会事业建设项目代建管理试行办法》。

1999 年初,上海浦东咨询公司受上海市计划委员会委托,全过程代建上海市收教收治综合基地项目,开始了上海市财政投资项目以代建制形式委托中介机构进行建设管理的试点。

2002 年 4 月,深圳市建筑工务局成立。该局代表市政府行使业主职能和项目管理职能,负责除规划国土、交通、水务、公安、教育五个系统外的政府投资项目的组织协调和监督管理工作。2020 年 3 月,该局更名为深圳市建筑工务署。其主要职能调整为负责市政府投资建设工程项目(水务和交通工程项目除外)的资金管理、前期审批事项报批、招投标管理、预决算和投资控制管理、政府公共房屋本体结构性维修工程的监督管理,对部分适合的建设项目组织实施代建制。

2002 年 5 月 24 日,《宁波市关于政府投资项目实行代建制的暂行规定》发布并实施,规定凡建安工程投资在 200 万元以上且市财政性资金投入在 200 万元以上、建设单位不具备自行管理条件的建设项目,都应实行代建制。

从 2002 年起,北京市发改委在回龙观医院、残疾人职业培训和体育锻炼中心、疾病预防控制中心等项目中实行了代建制试点,并取得良好效果。

2004 年 3 月 1 日,北京市发布《北京市政府投资建设项目代建制管理办法(试行)》并自发布之日起实施。其要求代建单位必须是具有相应资质并能够独立承担履约责任的法人。

此后,山东、云南、四川、重庆等省市也在政府投资项目中推行代建制。2004 年 7 月 16 日,国务院《关于投资体制改革的决定》(国发〔2004〕20 号)则以官方文件明确认可了代建制工程项目管理模式。

深圳市自2003年以来对南坪快速路、西部疏港通道、沿江高速深圳段等10多条城市主干道和高速公路项目实行了代建。

"十二五"期间西藏自治区交通运输厅为全面提升农村公路建管整体水平,鼓励各地市交通运输局充分利用对口援藏优势,采取项目代建、区域项目承包加代建等多种形式,完成新建、改建农村公路3.3万km;青海省2007年在国道215线当金山至大柴旦段210.17km的二级公路改建工程中,首次实行"代建制",采取邀请投标的方式选择了省公路局、省高管局、省收费公路管理处和省建管局四家省内事业单位参与投标;甘肃省为贯彻落实党的十八届三中全会和省委十二届八次全委(扩大)会议精神,加快全省公路建设步伐,为全省经济社会发展提供交通运输保障,出台《甘肃省关于加快公路建设的意见》(甘政发〔2014〕105号),提出改革公路建设管理体制,有条件的公路建设项目可实行代建制、设计施工总承包等建设模式。

在新疆,基于自治区公路交通"十二五"规划建设任务繁重,项目管理力量不足的实际情况,交通运输厅提出项目代建需求。交通运输部研究决定,按照"政治任务动员,经济规律运作"的原则,采取代建制模式,由支援省市组建高标准、高水平的专业化建设管理队伍支援新疆的公路建设管理。这是对全国代建管理模式进行的一次大规模尝试和应用探索,为自治区交通建设"三年攻坚"目标的实现、工程项目管理水平的提高发挥了重要作用。2011年,山东、浙江等14个省市的交通运输主管部门同新疆交通运输厅签订了《项目代建框架合作协议》,19个公路代建项目总投资超过600亿元,代建公路总里程4033km。

与建设工程代建制不同,新疆公路项目代建是一种项目管理制度,即代建单位受自治区交通建设管理局委托,承担从项目开工至交工验收期间,除设计评审、施工及材料设备等招标以及属于政府相关部门之间组织、协调、审批职责范围内的工作外的项目管理工作,协助办理工程建设手续等。

采用这种管理制度,代建单位并未承担项目法人的责任,而是依据代建合同为项目法人提供项目管理服务,与项目法人共同开展工程管理,实现项目建设目标。

在江西,高速公路建设管理体制从最初的"国际咨询工程师联合会(FIDIC)条款模式",到"行政指挥+FIDIC条款+责任管理承包"模式和"设计施工总承包管理"组合模式,再到以江西高速集团为项目法人的建设管理体制。随着企业不断发展壮大,自2011年开始,为使高速公路投融资和运营的主业更强、效益更优、提高资本运行效率、降低企业经营成本,逐步实施代建模式,培育专业化项目管理公司,建设管理在集团内部走向专业化、市场化的发展道路,并在井睦高速公路等项目上试点了监管一体化管理模式。

在海南,2005年以前公路建设规模较小、总量较少,基本都由交通厅成立项目指挥部负责建设管理。2005年开始,根据国务院《关于投资体制改革的决定》(国发〔2004〕20号)、海南省《关于规范政府投资项目管理的规定》(琼府〔2004〕55号)及海南省《政府投资项目代建制管理办法》(琼府〔2004〕55号)的有关要求,开展了公路建设管理体制改革,在全省范围内实施公路建设代建制的试点。海南省代建制发展大致分为三个阶段。

2005—2008年,委托、下放代建。一是下放市县政府代建,诸如海口绕城高速、三亚绕城高速。二是委托专业公司代建,诸如分项目委托、分片区委托。

2008—2015年,市场化、社会化、专业化代建。在项目建议书、可行性研究、勘察、设计阶段由交通运输厅建管处直接管理。在工程施工和竣(交)工验收阶段依法公开招投标选取大型企业实行专业化管理。

2015年至今,建设管理模式改革和体制改革。2014年起,随着海南省公路建设规模的不断扩大和工程管理要求的不断提高,现有管理力量难以满足大规模建设任务需要,建设任务量与管理力量配置失衡的矛盾日益凸显,海南省开始建设管理模式和体制改革。一是从2015年起,根据交通运输部《关于深化公路建设管理体制改革的若干意见》(交公路发〔2015〕54号)和《公路建设项目代建管理办法》(交通部令2015年第3号)有关精神,经海南省委改革领导小组批复同意,海南省在高速公路和部分国省道重点项目全面推进深化代建制改革试点,推行代建+监理一体化改革,改变了传统公路建设管理模式。二是为进一步完善公路建设管理体制,2015年6月,经中共海南省委机构编制委员会办公室批复,成立海南省交通工程建设局,作为专门公路建设管理机构具体承担公路项目建设管理法人职责。同时在琼乐高速公路等项目上试点了"代建、监理一体化"管理模式。

综上,我国的工程代建制是按照传统代建制工程项目管理—协助项目法人共同开展工程项目管理—代建、监理一体化管理模式发展的,代建管理制逐步走向市场。

第 2 章　公路工程建设管理模式

现有各种公路工程建设管理模式,如传统的工程建设管理模式、业主自管模式、现有监理模式、现有代建管理模式、代建与监理融合管理模式等。下面从每种模式各自的特点、组织架构、工作职能等方面进行分析。

2.1　传统工程建设管理模式

公路项目业主自己设置基建机构负责支配建设资金、办理规划手续及准备场地、委托设计、采购器材、招标施工、验收工程等全部工作,有的还自己组织设计、施工队伍,直接进行设计和施工,这种管理模式为传统工程建设管理模式。建设单位与设计、施工及设备物资供应等单位的关系如图2.1所示,建设单位与监理、施工等单位的关系如图2.2所示。

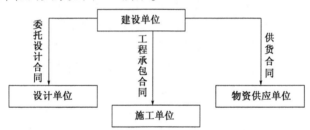

图 2.1　建设单位与设计、施工及设备物资供应等单位的关系

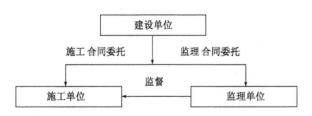

图 2.2　建设单位与监理、施工等单位的关系

在国家投资的项目中,业主通常成立建设指挥部,由政府主管部门指令,各有关方面派代表组成。业主自行管理模式中建立工程指挥部的组织形式如图2.3所示。

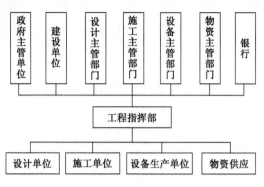

图 2.3 工程指挥部的组织形式

由于工程建设指挥部是政府主管部门的临时组建机构,又有各方面主要领导组成的领导小组的指导与支持,因而在行使建设单位的职能时有较大的权威性,指挥部可以依靠行政手段协调各方关系,有效解决征地、拆迁等外部协调难题,调配项目建设所需要的设计、施工队伍和材料、设备等。特别是在建设工期要求紧迫的情况下,能够迅速集中力量,加快工程建设进度。实践证明,工程建设指挥部负责制这种管理模式在我国工程建设史上发挥了巨大的作用。

组建工程指挥部可以分担业主的部分权利、责任与义务,但也存在机构临时性、管理主体性不足等问题。工程建设指挥部是一个临时组建的机构,并非一个专业化、社会化的管理机构,人员的专业素质难以保证。而当他们在工程建设过程中积累了一定经验之后,又随着项目的建成投产而转入其他工作岗位,难以培养专门的项目管理人才,导致工程建设的管理总在低水平上徘徊。工程建设指挥部管理模式基本上采用行政管理的手段,过于强调管理的指挥职能,忽视了客观经济规律的作用和合同手段。工程建设指挥部不是一个独立的经济实体,缺乏明确的经济责任制。政府对工程建设指挥部没有严格、科学的经济约束,指挥部拥有投资建设管理权,却对投资的使用和回收不承担任何责任。也就是说,作为管理决策者,却不承担决策风险。

2.2 业主自管模式

业主自管模式是由业主统一领导管理,将项目管理与工程监理的职责充分融合,实现公路工程建设项目的监管合一。业主自管模式是一种打破以往项目由业主单位和社会监理单位共同管理的传统模式,不再实行强制社会监理,改为由业主单位自主管理的创新模式。该管理模式责权一致,分工合理,责任明确,有利于进一步精简项目管理机构,提高管理效率,节约管理成本。

该模式下,指挥部大部分监管人员被充实到现场管理一线,全面负责所辖标段内的工程质量、进度、安全、环保和计量支付、合同管理等工作,保证在取消社会监理单位的情况下,既能高效履行好监理的工作职能,又使项目建设各环节管理得到保证。

自管模式下,业主赶进度的意愿大大降低,工程建设更适合循序渐进。没有监理的存在,赶进度会导致过量工作无法有效监督,质量隐患增加,安全不能得到有力保障,反而对工程的顺利进行产生不利影响;同时,业主和施工方双方的责任承担更重,赶进度带来的责任风险会大量转嫁到业主身上。

该模式强化和落实了投资、建设、运营管理一体化下建设项目法人的责任,统筹项目进度、质量、协调、征拆等工作,提高了信息沟通和工作效率;节约了项目管理费用,培养了一批自有管理人员和技术人才,强化了施工单位的施工主体责任。

由浙江省首个建设管理体制改革试点"业主自管模式"项目S306(11省道)安吉椅子塔至王家庄段公路整治工程的实施情况来看,该模式打破以往社会监理单位作为独立第三方监管项目的传统模式,改由业主单位统一管理,就是把业主、施工单位、监理单位三层关系转变成业主和施工单位两层关系。自管模式并非不需要监理,而是把监理工作纳入项目建设单位的管理体系,由项目建设管理法人统一领导,全面行使管理和监理职能,实现建设和监理的统一、融合。通过项目自管试行证明,该模式利于精简项目管理程序,可提高效率,节约成本。这种模式在国内也有多个省市进行了试点探索,取得了一定的效果。

但是,该模式也存在着许多问题,如建设管理法人组织管理体系不完善,专业人才缺乏,管理能力不足;施工方管理能力和技术水平不足,无法完全履行质量安全等责任义务;原有监理工作分配不合理,交工验收资料不符合现行规定,资料残缺,工程评定难;业主权力集中,存在廉政风险;业主方执行监理部分职责时对监理持证要求不明确等。

2.3 现有监理模式

2.3.1 工程监理内涵

所谓的公路工程项目监理是指:在公路工程施工过程中,由专业化程度比较高的公司或者企业专门负责工程项目的开放式管理工作,而不是由一些普通的组织机构来完成。这些专门的企业采用最传统的运营管理模式。从另一个层面来讲,公路建设项目的监理主要是借助各类方法,从各个层面出发,通过一系列技术手段、经济措施、组织策略、合同方案等促使施工企业整合优化各类资源组合,加强公路建设项目的适时监控与管理,从根本上保障公路工程项目的质量,能够按时完工。

工程监理工作具有咨询性,又称服务性,是指建设工程监理人员运用其经济、技术、法律和管理等多方面的知识和丰富经验为工程活动提供服务。工程监理工作具有公正性,是指建设工程监理人员在开展工程管理工作时应保持公正的立场,以合同为依据开展工作。公正性可保证监理工作的权威性、有效性。工程监理具有独立性,是指监理单位是独立的法人单位,受业主委托独立开展监理工作。监理单位的独立性可保证其公正性和规范性,保证其提供工程监理服务的有效性。

2.3.2 监理工作内容

监理的主要工作包括质量、进度、费用方面的控制,对安全生产、环境保护的监督管理、合同管理以及信息管理等方面。监理人员的具体工作内容很多,以下只列举几项监理的具体工作内容:

根据监理工程师的级别不同,其巡视施工现场的频率不同。总监理工程师要经常巡视现场,专业监理工程师需要每天巡视施工现场,处理发生的问题;鉴于隐蔽工程、重要工程部位、工序以及重要工艺对于工程质量的重要性,现场监理工程师及助理人员对这些方面要进行全过程旁站监理,对于影响工程质量的因素要做到及时消除。

监理工程师对于施工单位提交的计划要进行经常性的检查和监督,通过动态控制方法对计划进行调整,如若计划发生变更要及时提醒施工单位采取有效措施,保证计划目标得以实现。

依据合同文件对合同执行过程进行监督管理。对于在合同管理范围内发生的工程变更、延误、索赔、违约等问题要妥善解决,这对于保证工程质量、进度、费用目标实现具有重要意义。

在国内工程建设市场中,自从我国开始引进外资修建干线公路,就直接采用FIDIC模式实行社会监理制,建立独立的第三方监理机构,经试点后在公路系统广泛推行,《公路工程国际招标文件范本》(1991年)和《公路工程国内招标文件范本》(1993年)都是以FIDIC的《土木工程施工合同条件》为基础并结合我国实际编制的,国际招标除采用上述范本之外,还采用财政部编制的《世界银行贷款项目招标文件范本》的格式。公路工程普遍采用社会监理制和施工监理招标制,1997年交通部基本建设质监总站参照FIDIC业主聘用咨询工程师合同范本编印了《公路工程施工监理合同范本》,1998年交通部颁布《公路工程施工监理招标投标管理办法》,使我国公路施工监理贴近于FIDIC模式。

经过几十年的发展,我国目前已形成的建设监理制度的基本格局可以概括为"一个体系,两个层次和多种方式"。"一个体系"是指政府从机构和手段上对工程建设加强宏观监督和控制,将建设单位自行组织管理工程建设变为委托专业化、社会化的建设监理单位组织管理工程建设。"两个层次"是指政府监督的宏观层次和社会监理的微观层次两方面,政府监督机构包括交通运输部质监总站及其下属各级交通系统的质量监督机构,他们对公路工程质量的监督主要从宏观上做好平台建设、政策法规的制定与贯彻执行、对本行政区域内公路建设市场实施动态管理和监督检查等工作,督促建设各方,确保工程建设顺利进行。而监理是独立法人的有偿服务活动,它是以监理合同以及国家批准建设文件和国家颁布的法律、法规、标准规程、其他有关合同和工程实施过程中有关函件为依据,以经济为纽带进行工作的。按国际惯例,它不得与设计、施工以及材料供应商有经营性的隶属关系。监理的内容包括:质量监理、进度监理、费用监理、安全监理、环境保护监理、机电工程监理等,其涉及面很广,是确保工程建设的有力保障。"多种方式"是指监理模式是多样化的,可以是社会监理、自行监理以及联合监理。

2.3.3 监理模式分析

(1)社会监理

业主仅招标(或委托)设置总监理工程师办公室(以下简称总监办),现场的监理机构由总监办自行考虑设置,业主通过加强对总监办的管理来具体实施对项目的管理。

社会监理对工程建设进行社会化、专业化的监督管理。理论上讲,监理工程师起着中介机构的作用,相对独立、客观、公正地确保业主和承包商的利益。这种监理方式是国际上通行的方式,也是国内有关部门鼓励和提倡的监理方式。这种模式的特点是业主项目部门比较精简,其职能重点在于宏观关系处理、重大事项的决策协调和重大事项的审批(如重大的工程变更,影响较大的暂停施工、返工、复工、合同变更等),不直接介入日常的监理工作,只对监理行为进行监督,支持监理工程师的工作。其弊端是在社会监理的专业素质、职业道德、责任体系不到位的情况下,容易造成社会监理起不到代表业主对工程建设进行具体监督管理的作用,会导致业主协调任务量过大。

随着高速公路建设市场的建、监、管各方逐步趋向成熟,部分社会监理机构也形成信誉,部分高速公路已经开始实施较为彻底的社会型监理。根据业主对监理机构的管理方式不同又可以细分为完全委托监理、设立专门的管理部门与成立工程管理小组等模式。

①完全委托监理

由业主把工程项目的管理工作完全委托给有实力、有经验的工程监理或咨询公司管理,业主只负责筹资和费用支付,不参与项目现场建设管理工作。

这种监理方式在世界银行贷款项目中采用较多,是国际上通行的方式,但就国内目前的监理市场状况而言,还存在许多问题,尚不具备条件。

②设立专门的管理部门

业主设立专门的管理部门加强对各总监办和现场监理的管理,对各总监办和监理人员进行月度或季度考核,按考核结果支付监理费用,同时重点抓监理旁站工作到位情况和试验检测工作,保证监理工作的有效运作,必要时引进第三方检测,进一步强化对监理的监督。

③成立工程管理小组

业主成立"工程建设监理管理小组",在招标文件中明确其组成和职责,一般由业主公司人员任组长,每个总监办的总监和一些经验丰富、工作能力强的监理参与到监理管理小组中,组成一个相对固定的机构,共同对现场监理人员进行考核,并依据考核结果细化费用的支付。业主将监理公司的费用和现场监理的费用分开计量支付、分开管理,在保证现场监理得到合理待遇的同时,对现场监理的管理手段也得到了强化。

(2) 自行监理

由业主自己组建(含聘用部分社会人才)项目监理部或监理公司,把监理工作完全纳入项目建设管理,实现业主管理与监理工作的高度统一。在20世纪90年代初,我国高速公路兴建初始,高速公路建设的业主均为各省交通厅,为加强对公路建设的管理,交通厅在高速公路项目成立临时工程指挥部,指挥部下设项目管理部和监理代表处,分别行使业主和监理的职责,形成了中国特色的自行监理。

自行监理模式实际上是业主直接进行项目管理,不聘请社会监理,业主项目管理与监督管理完全合二为一。采取这种模式的前提是业主有极强的管理和技术力量,一般适合规模较小的工程。这种模式的特点是建设体系只有业主和施工承包商两方,业主能够充分、直接地控制工程建设的宏观方面和微观方面。但这种方式是与社会化、专业化分工的趋势相违背的,特别是在业主仅仅只建设一个工程项目而不是持续滚动开发新项目的情况下,业主难以培养和维系足够数量具有资质的专业管理人才。

(3)联合监理

介于前述两种模式之间的是联合监理模式,即业主与社会监理单位相结合进行监理的模式。其主要特点为:业主自行组建总监办公室或总监代表处;社会监理主要负责现场监理,基本上只承担质量监理,而进度监理、费用监理和合同管理等主要由业主直接控制;业主办事机构中仍设置项目管理部门,并派人员直接参与现场监督或监理工作。业主在设置总监办的同时,通过招标设置各驻地监理办,并与各驻地监理办直接签订监理合同,参与现场管理。

高速公路建设发展到一定阶段后,由于业主多样化,出现了指挥部、项目法人公司等,自行监理不能体现工程监理的独立性和公正性,故监理模式也变得多样化,出现了业主与社会联合监理的模式。随后,该模式又发展出不同的模式:

①全部招标。总监办与驻地办都是业主通过招标产生,业主不仅对总监办进行管理,而且与总监办一起对各驻地监理办进行管理。

②招标驻地监理办。业主仅招标驻地监理办,总监办由业主委托具有咨询甲级和路桥隧监理甲级资质并有大型高速公路工程监理经验的单位担任,具体负责对各驻地办的管理和协调,重点抓监理旁站工作到位和监理规范的严格执行,并集中质量检测设备资源,强化监理平行检测手段。

③自行组建与招标相结合。业主招标驻地监理办,总监办则由业主(或项目管理处的上级单位)自行组建。总监办对各驻地办进行垂直管理,社会监理主要负责现场监理,基本上只承担质量监理,而进度监理、费用监理和合同管理等工作主要由业主自设的总监办直接控制,业主的派出人员直接参与现场监督或监理工作。当前社会监理单位的实力和监理人员的素质、合同与法律意识、组织协调能力、控制工程行为的水平与工程建设监理制度的要求还有很大差距。在这种情况下,采取联合型的监理模式,业主在一定程度上介入现场管理或部分地进行监理,可部分弥补社会监理本身的不足。总监代表处虽由业主组建,但只要给予他们相对的独立性,与社会监理单位组建的驻地监理办公室在职能与分工上明确,并在一定程度上形成整体,作为独立的第三方,与业主沟通比较容易,可提高管理效率。但在这种模式下,社会监理完全从属于业主,有与国家法规不符的嫌疑。业主和社会监理单位在业务上又是从属关系或交叉关系,一旦出现问题,责任不清晰,无法追究责任。

上述(1)~(3)三种模式中,第一种模式下监理的地位、作用、责任比较清晰,关系比较明了,是主流的监理模式;第二种模式适用于工程项目规模不大、业主有足够技术和管理实力的情况;第三种模式主要适合于业主有足够的专业人才且希望培育发展工程监理产业或社会监理难以满足项目要求的情况。

2.4 现有代建管理模式

2.4.1 代建制内涵

目前国内已有的文献资料中,对于代建工程的研究仍然没有形成一个相对完整的论述。根据现阶段工程建设情况,代建制是被认可度较高的管理模式,为了提高建设项目管理的效率,建设项目法人通过招标等方式选择具有相应资质的专业化项目管理单位,将建设项目委托给该单位,由该单位依据代建合同对项目的前期运行以及后期实施等工作进行相应的组织管理。工程项目投资方首先与确定下来的管理企业进行谈判,签订相关项目协议,形成工程项目代建合约。根据工程项目代建合约与具体的法律法规,借助一系列现代化管理手段与科学信息技术,结合合理的工程项目规划设计以及专业的建筑施工工艺,为整个施工过程的圆满完成提供一个健全的保障方案。

代建制,即通过招标等方式,选择具有相关专业技术和经济实力的项目管理单位负责建设实施,严格控制项目投资、质量和工期,竣工验收合格后移交给业主或运营单位。代建机构作为业主的代理人,其工作职责仅限在业主授权或委托范围以内,通过为项目业主提供专业的管理服务,收取报酬,以及从项目管理结余中来获取盈利。公路建设项目代建制是指省、市交通主管部门或者公路建设项目公司通过招标选择符合条件的专业化的工程建设管理单位,委托其组织项目整个建设过程的协调与管理。

代建制的实质不是委托授权,而是合同管理;代建协议签约双方之间的关系属于委托代理关系。

以公路投资项目的代建制运行过程为例,政府主管部门负责区域规划、产业布局、运输网规划、道路网规划,项目业主负责公路投资建设项目的可行性研究,按照基本建设程序编制、报批项目建议书和计划任务书,并通过自主招标或者委托招标方式选择代建单位,并与代建单位签订代建合同。依据有关法律法规及代建合同条件,代建单位履行项目业主部分权力和建设管理职能,对代建项目进行管理。在项目竣工验收合格后,代建单位将代建项目交付项目业主进行运营,代建过程终止。

2.4.2 代建制的必要性与作用

代建制的实行由于采用了竞争方式,因此优化了资源配置,压缩了寻租活动的空间,克服了传统项目建设管理体制中的种种弊端,实现了与国际上通用的代理建设制的接轨,是加强政府监督职能,提高政府工作效率,创建阳光政府,实现实践创新、理论创新、制度创新的一项重要举措。

随着公路代建制的推行,政府部门应当通过转换职能,明确在公路代建市场的科学定位。政府部门不应当越俎代庖去享有本应由项目法人或代建单位享有的权利并承担其相应的职责;推行公路建设代建制以后,传统的家长式管理不再适用于对公路代建市场的监管。政府部门的主要作用,在于通过制定相应的政策来影响公路建设的发展方向;通过制定相关法律法规来规范代建市场行为,通过有效监管维护代建合同签约双方各自的合法权利,要求双方严格履行合同约定的职责和义务,促使公路代建市场合法、合规、健康、有序地发展。

公路建设项目实行代建制的作用如下:

①有利于明确建设各参与方的责任,改变了政府"投资、建设、监管、运营"四位一体的管理体制。政府部门负责监管工作,业主负责项目决策和投融资工作,代建单位负责项目的组织管理和协调工作,施工、设计、监理单位负责具体的施工、设计、监理工作。

②有利于提高部门效率。管理层级减少,工作程序精简,岗位权限、责任清晰明确,增加了管理人员的责任感、危机感,提高了工作效率。

③有利于培养专业化管理队伍。由于让真正具有专业管理水平的人才参与工程项目管理,克服了建设项目非专业化管理的弊端,优化资源配置。同时,在代建项目管理中进一步提升管理水平,培养出一支专业化管理队伍。

④有利于提高科学管理水平。采用代建制度,解决了项目管理的专业化问题,提高工程管理单位的市场竞争力并使之融入市场。促使政府监管水平的提高,促进政府主管部门转变工作职能,改变政府既当"运动员"又当"裁判员"的状况,从微观管理转向宏观监管工作。

⑤有利于提升工程安全质量。代建单位与业主组建的指挥部管理相比,在工程安全质量方面的管理人员素质较高,安全管理的专业化水平更高,经验更为丰富,这对工程安全质量的提高具有重要作用。

⑥有利于促进改革开放和市场化进程。由于代建制的招标竞争充分、优胜劣汰,在多道招投标环节中,无论是代建单位的投标,还是设计、施工、监理或设备材料供应商的投标,都必须提供最优的技术方案、最好的服务、最合格的产品、最合理的报价才能中标。同时,代建制的实施使项目法人将工程建设管理进行市场化委托,促进了建设管理的市场化改革进程。

代建制不同于国外广泛推行的项目管理,而是具有中国特色的项目管理制度。推行代建制的主要目的是转换政府职能,解决政府"投资、建设、监管、运营"四位一体的体制弊端,有利于政府部门摆脱具体项目管理的束缚,而将主要时间和精力集中于利用相关法律法规和制度规范对公路建设行为进行有效的市场监管;有利于项目法人和代建单位具有明确的权责范围,更好地履行各自在公路建设中的管理职责;有利于保证公路建设的工程质量、控制工程成本,提高公路建设项目的投资效益。政府部门应当按照这一新思路,进一步加大有关公路代建法规制度建设的力度,并按照推行代建制的特定要求和公路建设的特点设计并逐步完善公路代建管理制度。

2.4.3 代建管理模式分析

1)深圳(珠海)工程代建模式

这是我国工程实践中比较早的工程代建制,即政府出资人将项目委托专门成立的政府事业部门来管理。

主要借鉴香港等地的做法设立工务局(署),作为负责政府投资工程和其他重要公共工程建设管理的专门机构,总体思路是按"相对集中,区别对待"的原则,取消政府投资工程"一次性业主"的建设管理模式。这样有利于发挥工务局(署)的人才、专业及经验优势,解决政府投资工程分散管理的弊端,提高工程项目管理水平,全面做好质量、投资和工期三大控制,保证政府投资工程效益。

(1)组织构架

深圳(珠海)工程代建模式的项目组织构架如图2.4所示。

(2)工作职能

深圳市工务局(署)承建的政府投资工程一律实行"交钥匙工程",由政府财政拨款;工务局负责组织协调、监督管理和建设管理任务;使用单位负责提出项目功能设计要求,并派人参与项目的设计审定和工程竣工验收。在工程实施阶段,通过公开招标选择社会监理、咨询、担保等中介组织。

(3)模式特点

这实际上是一种内部委托方式,政府投资建设工程管理中心实质上是没有投资决策权的政府内部机构,这样便于采用行政命令等手段进行管理,委托成本低,操作灵活;建立了相应的监督机制。

但是,随之而来的问题是内部委托方式的组织成本较高,即对于代建单位的持续激励与监督问题。

2)宁波工程代建模式

(1)组织构架

宁波工程代建模式的项目组织构架如图2.5所示。

第2章 公路工程建设管理模式

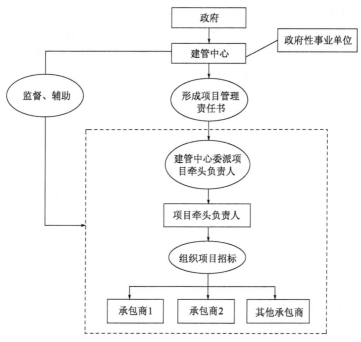

图2.4 深圳(珠海)工程代建模式的项目组织构架

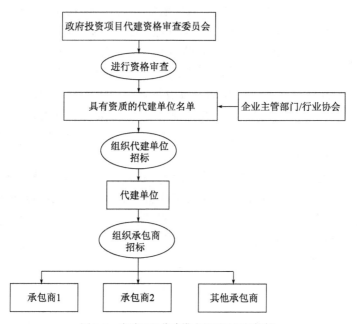

图2.5 宁波工程代建模式的项目组织构架

25

(2)工作职能

经企业主管部门或行业协会推荐,由政府投资项目代建资格审查委员会对所有代建单位的代建资格进行审查。原则上通过招标方式选择代建单位;由建设单位(即项目的受益单位或称最终使用单位)与代建单位签订项目委托代建合同,市本级政府投资在1000万元以上的项目,合同须经政府审批(出资)部门签证,其他的报政府部门备案;建设资金由建设单位负责管理,根据代建单位意见拨付有关单位;代建单位根据批准的项目建议书或批准的初步设计要求,负责该阶段以下的项目建设管理直至竣工验收。

(3)模式特点

使用单位以委托人的身份出现,这与美国的工程代建制是一致的。使用单位以政府出资人代表身份成为委托主体,不但是项目的最终使用者,更是建设项目的剩余索取者。

但是,在企业主管部门或行业协会出具"具有资质的代建单位名单"环节上以及承包商招标环节上,由于缺乏必要的监督机制,较容易出现寻租腐败现象;此外行业协会也需要政府的大力支持。

3)上海工程代建模式

上海政府投资工程管理体制改革自2001年启动,改革的目标是建立"决策科学化、主体多元化、管理专业化、行为规范化"的管理模式和运行机制,核心是实现政府投资职能、投资管理职能、工程管理职能的分离,切实转变政府职能,确立投资主体地位,形成工程管理市场,提高投资效益,防范投资风险,提升建设管理水平。根据投、建、管、用四分离原则,上海重点开展工程建设项目"代建制"工作,早在2001年底就提出了在部分政府投资项目中试行代建制的改革方案,实行"政府、政府所属投资公司、工程管理公司"的三级管理模式。2002年3月,上海市建委在市政、水务、环卫、交通等系统确定了11家单位为首批承担政府投资项目的工程管理公司。

该模式主要由政府主管部门、业主(投资方)、代建单位、设计和施工承建商四方组成,政府、投资方、代建单位的权责一致,均在界定的职责范围内,根据国家建设法规、条例和基本建设程序行使权利,履行职责。采用内部委托、市场运作,具有委托低成本和市场高效率之优势。

(1)组织构架

上海工程代建模式的项目组织构架如图2.6所示。

(2)工作职能

其由政府主管部门、业主(投资方)、代建单位、设计和施工承建商四方组成,政府、投资方、代建单位的权责一致。由新成立的行政主管部门——上海市市政工程管理局来推行"代建制"试点,并依法成立具有独立法人地位的项目法人作为投资方(业主),通过市场逐步培育工程管理公司作为代建单位。

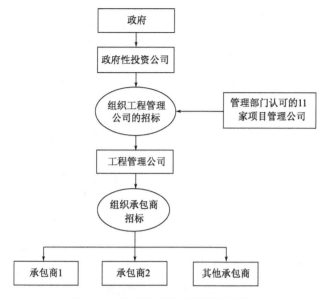

图2.6 上海工程代建模式的项目组织构架

值得一提的是,引入"政府性投资公司"这样的第三方作为委托方,可以将代建制的范围扩大到经营性政府投资项目,其委托与代理方式既有别于深圳工程代建制,也有别于宁波工程代建制。

(3)模式特点

上海工程代建模式的优势在于政府性投资公司以委托人的身份出现,自始至终执行对项目的监督,简化了程序。

但是,这11家代建单位在很大程度上垄断了市场,使得其他同样具有资质的单位很难进入,政府性投资公司的选择面无形中减小了;同时很容易滋生腐败行为。

4)北京工程代建模式

在该模式下,政府项目决策人作为投资主体参与市场。

(1)组织构架

北京工程代建模式的项目组织构架如图2.7所示。

(2)工作职能

在项目建议书批复后,北京市政府项目审批部门通过招标(也可分前期和实施两个阶段)与使用单位、代建单位三方签订委托代建合同,代建单位根据批准的项目建议书或批准的初步设计要求,负责该阶段以下的项目建设管理直至竣工验收。

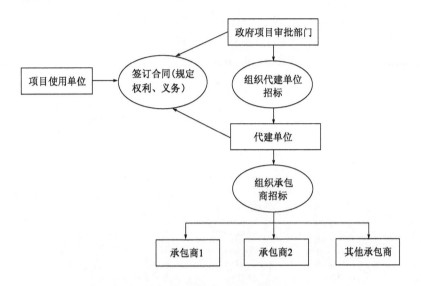

图2.7　北京工程代建模式的项目组织构架

(3)模式特点

该模式的优点是委托主体明确,出资人意图得到完全体现,监督积极性高。但是,这种政企不分的形式有悖于现今的改革趋势;政府作为平等的民事主体存在,将混淆政府在市场经济中的裁判员和运动员的角色。

5)新疆工程代建模式

2010年5月17—19日,中央新疆工作座谈会确定推进新疆跨越式发展和长治久安,赋予了新疆交通先行、有效支撑的重大使命,新疆交通迎来了大建设、大开放、大发展的全新时期。

交通运输部全力支持新疆交通运输跨越式发展。新疆交通运输厅提出"三年攻坚,五年跨越,建成中国西部高速大通道和交通枢纽中心"战略目标,但同时也面临着几大难关:公路建设投资规模空前庞大、任务繁重;公路建设管理技术资源较薄弱;公路建设管理体制机制难以适应大规模建设的需要。为此,新疆交通运输厅提出以全国援疆为契机,邀请各省市交通行业参与新疆交通建设的思路。随着交通运输部召开援疆工作协调会、推进会,按照"政治任务动员,经济规律运作"的原则,新疆公路代建工作拉开帷幕。共成立3个片区指挥部,确定了12个省区市、16家单位代建22个公路项目,总建设里程3192km,总投资733.92亿元。代建单位承担自项目开工至交工验收期间的各类项目管理工作。由支援省市组建高标准、高水平的专业化建设管理队伍支援新疆的公路建设管理,新疆公路行业可通过代建模式,引进和学习其他省份先进的管理经验和建设理念,带动公路建设管理水平的迅速提升,这是对全国代建管理模式进行的一次大规模尝试和应用探索。

自治区交通建设管理局负责项目前期工作,包括工可报告、初步设计和施工图设计报批、融资、征地拆迁、勘察设计、施工及材料设备招标和交工验收及交工验收后的合同管理、项目竣工决算、验收工作。

代建单位负责组建总监办,如果项目达到需要设置二级监理机构的规模,与项目法人共同招标选定驻地办;承担施工阶段的合同、进度、质量、安全、文明施工、环保、水保、廉政建设的管理,以及工程支付、设计变更审查、项目财务管理,协助项目法人在工程实施期间办理土地征用、房屋征迁、项目施工许可、质量监督申请和交工验收工作。

采用这种管理模式,代建单位并未承担项目法人的责任,依据代建合同为项目法人提供项目管理服务,与项目法人共同开展工程管理,实现项目建设目标。

参与省市代建单位与机构主要有两种。有的省市采用指定机关或事业单位模式。第一种组成,人员完全由本机关或事业单位组成,作为一个部门来单独运行,如重庆指定高管局代建,湖北指定交通高职院校代建;第二种组成,以一个机关或事业单位人员为主,另外从全省交通行业抽调专业人员和技术管理人才,政府组建新的行政事业机构,性质为临时机构,项目移交给业主后,代建机构撤销;这种模式通常也称为集中统建模式。

有的省市采用直接委托专业企业单位代建模式。代建机构作为一个项目工程运行,如深圳市委托路桥施工单位,上海市则由市政公司代建,有的省份则指定公路勘测设计院代建。从一段时间的实践情况看,企业代建制相对容易推行,公司架构成建制队伍更能适应并实施市场化运作。自主经营,自负盈亏,全面管理效率更高。

（1）组织构架

新疆工程代建模式的项目组织构架如图2.8所示。

（2）工作职能

代建工作主要围绕建设质量、工期管理、资金控制、建设安全、现场组织、工程资料、水土环境保护和廉政建设等方面进行,根据目标确定工作内容。

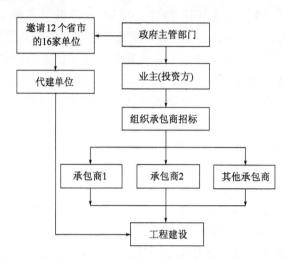

图 2.8　新疆工程代建模式的项目组织构架

(3) 模式特点

新疆公路工程代建是在全国各行各业大规模援疆推动新疆跨越式发展的大背景下产生的，是依靠中央、地方行业管理部门的行政指令促成运作的。该实践开创了大规模公路工程代建的先河，对参与各方探索代建模式有非常积极的作用，在建设过程中发现新问题和产生新思路，促进代建模式的实际操作与理论研究。但是，这种代建制的诞生明显先天不足，没有招标、没有市场参与、没有外来资金参与，代建工作没有融资功能，提高控制管理水平有限。下面分别就业主与代建双方进行管理分析：

①新疆业主方

短时间内将大批量项目纳入代建实施，千头万绪，前期做好规划十分不易，没有成熟的制度参考，拟定代建协议时，没有标准范本可参照；各省市具体情况差异较大，要与各省市的代建单位沟通协商。前期业主方先后确定做出了大规模项目代建规划，研究制定代建程序、工作内容、工作标准、风险控制各项代建事项。

代建体制、规划决定项目成败；此次代建，代建方不带来资金，只有人员参与管理，没有匹配风险抵押；相反有"寻租"可能，且对业主方有较大风险。做好风险控制、确保项目成功实施是管理工作的重中之重。

业主方推出的是有限的全过程参与、重点于建造阶段的代建模式，是由代建半咨询半管理类型性质决定的，代建人只有有限的"业主管理费"风险抵押。《代建合同》中约定：甲方负责组织设计（初步设计与施工图设计）评审、施工设备及材料等招标工作并且与中标单位签订合同。乙方作为甲方授权的合同管理者,严格按照甲方与设计、施工及材料设备采购等承包人签署的合同进行合同履行的全过程管理,并组织工程建设和履约考核。这些条款决定了代建人工作重心在项目的施工阶段。

业主方的实践,虽然不是完全意义上的代建制,但经过尝试对代建工作模式有了一定程度探究,总结制定了一整套系列管理制度、工作方法、程序方案。有益的尝试利于创新,对代建制特别公路工程代建有积极推动作用。新疆业主方后续将与一些东部省市进行更深层次合作BT(Building Transfer,建设-移交)代建,利用其他省市资金、设备、技术和人才,加快区域内公路交通的大发展。

②工程代建方

代建方虽然是前期有限参与,但这毕竟是相对的全过程代建,代建单位参与了工程前期及建设过程。经过几年实践,代建方在组织进场、代建规划、成本控制、工作程序、管理标准化作了大量探索工作,有了一定积极经验积累:一批参建人员在项目实施中成为代建各个环节管理、专业技术人才,这只有在全过程代建制平台下才能实现。代建制与监理制是不同的,监理只是施工环节,代建对管理投资与建设影响更大。

此轮工程代建,各省市派出精干专业化交通队伍,有企业型(路桥公司、市政公司、设计院、咨询公司、监理公司)、有事业型(高职院校),也有机关单位(省市高速公路管理局);有组合的指挥部,也有成建制的队伍;代建过程有不同的做法,不同的风险控制措施;靠行政组合的指挥部,集中力量打歼灭战;公司建制注重资金回收的效率;不同的组织有不同的问题,各单位在代建组织规划、风险控制、管理标准实践中做了大量的探索工作,实践操作丰富了代建模式、制度;当一切创新变得可以复制时,这种创新模式即可成为通用方法。公路交通代建制实践对推进今后代建市场特别是行业市场发展具有积极意义和示范作用。

新疆代建制类似于监理制,但要求高于后者。工程监理推行了近30年,各方面均已较成熟,公路代建应侧重于前期工作,而本轮交通代建在前期参与有限,这是此次模式设计的缺陷;代建制不能成为监理制的翻版。代建制实践的时间不长,制度模式还在探索,各代建方还有很长的路要走。

6)监管一体化模式

江西高速集团试点的代建模式属于内部市场化,由集团直接委托其下属江西交通咨询公司实施,江西交通咨询公司从施工图设计文件批复后介入至竣工验收后的项目建设管理工作和施工监理工作。江西交通咨询公司在现场组建项目办,负责具体实施。

代建项目实行第三方工程质量检测,检测单位由项目办通过依法招标产生,项目办与检测单位签订合同。

项目办对材料设备和施工方应依法招标,并签订合同。

(1)组织构架(图2.9)

监管一体化模式下组织架构的调整原则为:

①保留传统模式下项目办机构中职能相对独立的行政综合处、征地拆迁处、纪检监察处和财务审计处,其职责也相应保持不变。

②将传统模式下项目办工程技术处的前期管理、招标管理、履约管理等职责分解,并与原监理合同履约部的职责合并成立合同履约处。

③将传统模式下项目办工程技术处的质量管理、技术管理、进度管理等职责与原监理总监办职责合并成立总监办,并根据职能划分设立工程部、测试部、安检部、材料部。

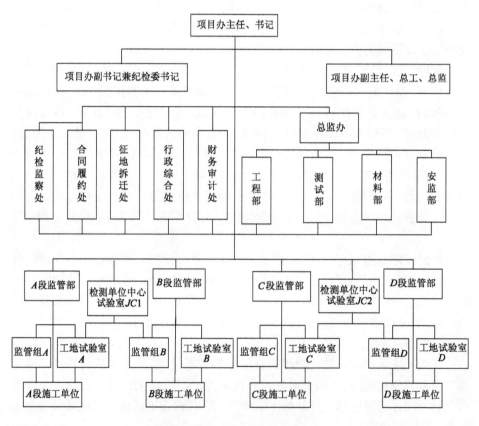

图2.9 监管一体化模式的组织构架

④将传统模式下项目办现场管理部与原监理驻地办的职责合并分段成立现场监管部,并针对各施工标段设置监管组,具体负责工程质量、进度、安全、环保、文明施工等的现场监督管理工作。

⑤通过招标选定两家试验检测单位从事相关试验检测监理工作,并要求其分别设立中心试验室和工地试验室。中心试验室职责相当于原监理总监办的试验室,工作安排服从总监办测试部的调度;工地试验室职责相当于原监理驻地办的试验室,工作安排服从相应监管部的调度。

(2) 工作职能

遵循部门和岗位的职能设置既无重叠又无空白的原则;有利于建立监督与受监督的管理机制,以及权力制衡的原则;在管理机构中,任何一个部门、任何一项工作,最终都有人承担主要责任;一项工作的任何参与者都必须承担相应责任,任何个人都必须主动接受有效的监督和控制。

将关键管理程序分解、细化,建立相互制约和相互服务的横向联络系统,加强管理机构的自动控制水平。

(3) 模式优点

①项目管理职责更清晰。改革后的项目管理机构设置形成了领导层、宏观管理层、微观管理层的纵向结构,以及组织职能和控制职能分离、施工监理职能与检测监理职能分离的横向结构,能够实现管理和监理的深度融合,避免管理和监理间的职能重合,使权责进一步明晰,提高了项目监管的效率,促进了权利和责任匹配。

②提高管理效能。人员配备得到精简。经比较分析,原传统模式下三级机构共需要管理和监理人员348人,现监管一体化模式下需要监管人员224人,人员精简率为35.6%。这些人员在项目建设过程中既在项目管理方面发挥了传统业主的职能,又在工程技术方面发挥了传统监理职能,成为工程建设领域的复合型人才,提高了工作效能,减少了管理层级,提高了工作效率。如在工程变更审批方面,项目办现场监管部具有单项工程费用变化在20万元以下的一般设计变更立项审批权,总监办具有单项工程费用变化在50万元以下、20万元以上的一般设计变更立项审批权,项目办具有单项工程费用变化在200万元以下、50万元以上的一般设计变更立项审批权,变更程序管理层级减少,程序得到简化,提高了工作效率,降低了管理成本。试点项目投资概算约110亿元,建安费约75亿元,按工作效率(建安费/人员投入数量)指标进行分析,工作效率从2155万元/人提高到3300万元/人。从而有效地降低了管理成本。

③为监理行业的转型升级发展提供示范。监理企业作为代建方的优势是其

是独立的法人主体,作为专业从事工程监理业务的经济组织,企业资质和人员资质有明显优势。相比设计单位,现场管理经验更丰富;相比施工企业,管理更有前瞻性,更加客观公正。有助于监理企业回归监理服务的初衷,符合交通监理企业转型发展的需要。

④实现资源最优配置。监管一体化模式除具有监理单纯代建的优势外,还可以有效解决代建单位与监理单位职能交叉、职责不清的问题,可以缩短项目管理机构与监理之间的磨合期。此模式下可以极大地简化工作环节,提高工作效率。以往业主、代建单位、监理单位内设机构和岗位重复设置、职责不清,办公、通信、检测等设备重复配置,资源浪费的现象将得到有效的改善,实现资源的最优化配置。

(4) 模式缺点

①监管一体化融而不深。代建方与监理方实现了合署办公,但在组织机构上存在部门相对较多,代建工作与监理工作形成了合并管理,但其融合深度不足,实质上还是监管分离。

②试点项目中代建单位是项目法人的子公司,代建单位的确定是在取得法规许可的条件下由项目法人直接委托。究其原因是代建单位代项目法人建设管理的特殊性,其控制着项目投资、进度、质量、安全及环境保护等目标,代建单位的信用直接影响代建项目的实施状况,而目前代建市场信用管理体系尚未建立,公开选择代建单位项目法人承担的风险较大。信用体系的不健全影响了正在高速、健康发展的代建市场。

③监管一体化招标及合同尚无范本。从总体来看,代建单位与项目法人之间是合同关系,代建单位为独立的责任主体,在项目建设管理过程中履行项目管理职责。而目前我国代建市场还没有监管一体化招标及合同范本,不利于项目法人对代建单位的选择和代建市场的长远发展。

④增大了廉政风险。实施监管一体化后,项目法人将权力大部分推向了市场,由代建单位从项目前期开始介入,自由开展施工、监理等招标工作,并围绕资金、质量、进度、安全等目标实行合同管理,直至项目竣工,代建管理范围基本囊括了建设全过程,廉政风险从项目法人传递给了代建、施工单位等市场主体。防范代建、施工单位的廉政问题直接关系工程项目的顺利实施。同时,如果不能很好解决廉政风险问题,市场化条件下很难建立项目建设管理法人对代建单位的信任。

7) 代建、监理一体化模式

海南省的公路建设项目均为政府筹资建设的非经营性公路,为了提高政府的投资效益,保障工程的实施质量,海南省一直积极开展公路建设管理模式的探索。海南公路建设代建制改革试点项目,采用代建、监理一体化的新模式进行建设管理,由业主公开招标代建单位负责代建、监理工作,不再单独招标监理单位,业主委托代建单位公开招标施工单位。其建设主体关系见图2.10。

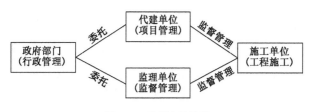

图2.10 建设主体关系

(1)组织构架

代建、监理一体化管理模式的机构组成是将传统的代建制管理模式及工程监理制管理模式的组织构成进行整合与优化,由领导层、职能部门及分部组成,其中,总监理工程师成为负责人之一,主要负责主持监理工作;总监办也由传统的独立监理机构变为职能部门之一,履行监理职责;另外还在领导层设置了安全总监,提升了安全工作的地位;代建指挥部下设多个分部,直接对现场进行管理,并履行监理职责;各职能部门按照部门分工履行各自的工作职责,并对分部工作给予支持和指导。其组织构架见图2.11。

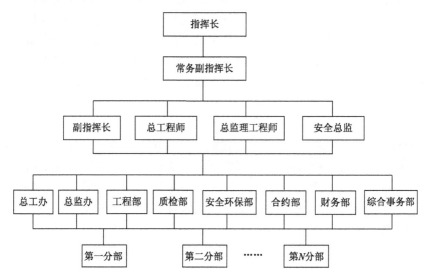

图2.11 代建、监理一体化模式的组织构架

(2) 工作职能

代建、监理一体化管理模式是为了避免代建、监理职能交叉重叠,由具有代建、监理双资质的企业对项目实施代建管理,履行代建、监理权利,承担代建和监理职责的项目建设综合管理体系。

(3) 模式优点

①权责更加明确。项目实行目标管理,政府部门通过合同明确与项目建设管理单位(此处指代建单位和监理单位)的权责,这样既有利于减少政府部门人力物力资源的投入和工作量,又利于实现项目建设专业化管理。

②工作效率提升。代建和监理形成一个机构、采用一批人员、具有同一权责,融合后的新机构通过制定制度明确内部职责,这样可实现对项目建设的集中管理,并提高工作效率。

③管理更为顺畅。通过代建、监理一体化管理,消除了代建、监理单位对施工单位造成的多头管理、指令混乱的情况。同时,融合后的新机构应制定对上、对下均与新机构相匹配的文件和指令格式,以加强职责的切实履行及管理程序的顺畅。

④加快推进建设管理改革。有利于国家加快推进项目建设现代化、专业化管理,提高工程质量和安全,提升工程建设品质。

据海南省交通运输厅 2017 年的统计分析,代建、监理一体化模式比传统代建模式更能发挥集约管理效果,并具体反映到工程的质量目标管理成效上。通过分别选取琼中至乐东高速公路不同管理模式的两个代建段(琼中至五指山段:代建、监理一体化模式;五指山至乐东段:传统代建模式)、10 个代建管理项目(4 个代建、监理一体化模式,6 个传统代建模式)的质量抽检数据进行分析对比,代建、监理一体化模式下,项目的质量抽检数据明显优于传统代建模式,质量目标管控效果更好。

(4) 模式缺点

①实行代建、监理一体化后的实施机构还没有一个独立、规范、有效的名分来实施统一和更合理的部署管理,多数原监理工作程序尚需监理人员执行。例如,《公路工程施工监理规范》(JTG G10—2016)中规定"总监应对施工单位报审的施工组织设计进行审查,并在规定的期限内批复",造成即使总工程师符合国家规定的总监资格要求,只因为不是总监职务而无法对施工单位的施工组织设计进行审查、批复,即面对新的建设管理模式,国家政策的相对滞后使得代建、监理无法更深入地融合。

②实行代建、监理一体化后,项目管理中存在部分不必要或重叠的程序,尚

没有政策的支撑实现管理程序的深入简化。例如,《公路工程施工监理规范》(JTG G10—2016)规定,监理机构应按权限审核、办理施工单位提出的工程变更申请,对涉及修改工程设计文件的工程变更,应报建设单位组织处理,即虽然代建、监理机构表面上实现了一体化提升,但提升后同一个机构中的部门间仍需分别履行监理、代建职责,使得代建、监理一体化后的机构内仍存在程序冗繁的问题。

③行政管理单位(政府)人力物力资源不足导致的建设管理能力不足,行政管理单位与项目建设管理单位(代建单位、监理单位)之间,以及不同项目建设管理单位之间的权责不清,管理混乱和效率低下;多个项目建设管理单位对施工单位造成的多头管理,指令混乱;设立多个项目建设管理单位,造成人力物力等资源浪费。

2.5 代建与监理融合管理模式

通过对现有工程建设管理模式与现有代建制管理模式的分析,得出了现有模式的一些优势,但是,也存在着管理力量薄弱、专业化水平不高、权责不清晰、工作效率不高、非独立法人主体等问题。因此,著者提出了新型的管理模式——代建与监理融合管理模式。

目前在浙江省内开展了多种形式的公路工程代建与监理融合管理模式探索。

如宁波市尝试的代建与监理的"简"模式,主要实施了两个项目:项目一为鄞州区大道东钱湖段改建工程,该路段全长4.34km,按一级公路标准设计,改建完成后由四车道变为六车道。项目二为甬临线宁海岔路桐洲至桑洲麻岙岭段改道工程;成立项目管理机构,设置项目总负责人、技术负责人、总监、技术前期部、合约部、工程部、综合办等组织机构,但这种"简"模式的实质是两家独立企业分别承担项目管理与工程监理工作,属于代建与监理的分离模式,两家企业间的职责界限不清,且服务计费方式还欠完善,并没有真正实现融合管理,导致这种模式后来没有被推广。

如建金高速公路建设项目,由浙江省交通投资集团有限公司下设的杭州都市高速公路有限公司(杭州板块)负责项目的建设管理工作。该项目是国家高速公路网长春至深圳高速公路(G25)的组成部分。本项目起自建德市杨村桥镇北,接杭新景高速公路,经兰溪,终于金华市二仙桥东,接杭金衢高速公路,全长58.09km。全线设6处互通式立交。该项目同步建设梅城、大洋、大丘田、马涧等4条互通连接线,共长约9.65km。主线采用双向四车道,设计速度100km/h,路基宽度26m,批复概算93.76亿元,其中建安费为65.72亿元。项目工程建设指挥部下设综合处、合同处、工程处、财务处、安全处、征迁处6个处室；项目工程总监办下设工程部、合同部、中心试验室、安全环保部、综合办、驻地监理办等。又如杭绍台高速公路PPP项目，该项目总投资约为368.4亿元，全线设计速度100km/h，起点至绍诸高速段(约30km)路基宽度33.5m，绍诸高速至终点路基宽26m。项目工程建设指挥部下设计划合同处、综合管理处、工程管理处、财务处、安全环保处、征迁处等；项目工程总监办下设综合部、合同部、工程部、安全部、试验室、驻地办等。这些项目从建设范围条件上来看，实质上也属于一种公路代建项目模式，因此也适用于代建与监理融合管理模式，工程建设指挥部与工程监理职责也可由专业化的项目管理公司来替代。

如国省道建设项目：临安试点项目(陈家坞至市地公路改建工程、临安新联至横畈公路改建工程、临安青山至大罗公路改建工程，总投资约13.065亿元，代建与监理融合管理服务费中标价1798万元，后续增加服务费约600万元，共约2398万元)。湖州试点项目(湖州市南太湖产业集聚区吴兴杨溇桥至南浔菱湖公路工程项目，总投资约21.985亿元，代建与监理融合管理服务费中标价4271.6781万元)。三门试点项目(228国道三门园里至宁海一市段公路工程，总投资约9.5亿元，代建与监理融合管理服务费中标价为2403.3万元)。以上项目管理均由国有的专业化项目管理母公司与子公司(浙江公路水运工程咨询有限责任公司、浙江交科公路水运工程监理有限公司)组成联合体进行代建与监理融合管理，建设各方对该模式的反馈评价良好。

如一般地方公路建设项目：嘉善试点项目(嘉善县魏塘街道虹桥至三里桥等七村及惠民街道枫南村至魏塘街道西项村等四村道路安全整治工程)，该项目共分为两段，建设单位分别为魏塘街道和开发区(惠民街道)。第一段：嘉善县魏塘街道虹桥至三里桥等七村道路安全整治工程，路线全长约21.818km，项目概算建安费2.628亿元。第二段：嘉善县惠民街道枫南村至魏塘街道西项村等四村道路安全整治工程，路线全长约9.25km，项目概算建安费1.365亿元。整个项目建安投资约3.99亿元。浙江公路水运工程咨询有限责任公司、浙江交科公路水运工程监理有限公司联合体为中标单位，代建与监理融合管理服务费中标价1122.432万元。

代建与监理融合管理模式是代建制的延伸和拓展，是基于代建与监理融合管理单位自身专业优势，积极投身政府投资项目建设管理，集项目代建与监理职能于一体，由代建单位统一负责项目建设管理工作和监理工作的建设管理模式。这种模式不是代建与监理分离式的管理，而是将代建与监理工作进行深度融合，由专业化的承包人承担工程代建与监理职责，开展项目部分建设管理和全部监理工作的融合式管理,以实现真正的代建与监理融合管理。

该模式除具有传统代建的优势外,还可以有效解决代建单位与监理单位职能交叉、职责不清的问题,可以减少指挥部与监理之间的磨合期,解决了前述的监管一体化或代建与监理一体化融而不深的问题。指挥部和总监办深度融合,可极大地简化工作程序,提高工作效率,优化管理流程。以往业主、代建单位、监理单位内设机构重复和岗位设置重复、职责不清,办公、通信、检测等设备重复配置等资源浪费的现象将得到有效改善,实现资源的最优化配置,并能够发挥代建新人新事社会化、职业化、专业化的优势。

（1）组织构架

为明确项目参建各方在项目中所处的地位和角色,以及各方之间的基本关系,初步构建本项目总体管理构架如图2.12所示,项目管理各方关系如图2.13所示。

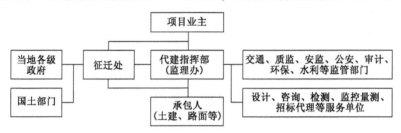

图2.12　项目总体管理构架

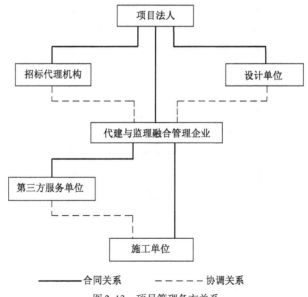

图2.13　项目管理各方关系

（2）工作职能

代建与监理融合管理模式实行总监负责制不变，但监理机构不再单独设立，总监兼任代建机构负责人之一；将传统指挥部负责人与总工岗位分别对应调整为代建指挥部指挥长与总工；将原项目管理指挥部与工程监理机构融合到代建指挥部内，把传统指挥部与监理各部门职责分工融入代建指挥部管理体系，将各部门纳入相应管理部门，减少管理层级，有效融合工程建设管理和监理工作。通过统一、高效的管理模式，从根本上保障施工活动的质量、安全性、工期、投资等效益的实现。

（3）模式特点

该模式将传统的"投、建、管、监"四合一管理模式，变为了投资、建设、管理和营运职能"四分离"的新模式，政府职能淡出，监管职能得到强化，非常有利于政府机构加强项目立项审查、招投标工程预算、工程开工、资金计划、合同履约监管和项目竣工验收移交等过程监管。

在这种深度融合的项目管理模式下，业主、代建方工作界限划分明确，代建单位组建代建指挥部；代建指挥部领导层由指挥长总工程师、总监理工程师组成，并成立咨询专家组，总监既负责工程管理又负责工程监理，充分发挥监理人员在工程管理中的技术优势。

代建与监理融合管理立足于代建单位的专业化优势，由代建人承担代建与监理职责，精简管理人员，优化管理流程，提高代建+监理管理项目的专业化管理水平和促进技术进步，在一定限度上能够有效防止腐败事件、提高绩效、降低费用消耗、杜绝"超规模、超标准、超投资"的"三超"现象，极大地提高资本利用率。它具有市场化、专业化、合同化和职业化等显著特征，客观上提供了适合市场经济规律的公路建设项目管理专业化途径。

（4）代建与监理融合管理模式的法律法规适应性分析

①代建企业参与工程监理具有理论基础

将工程监理制与项目代建制的法律地位、单位选择方式、实施范围和内容、地位与作用、单位属性、合同方式、酬金方式等内容进行综合比较，见表2.1。

工程监理制与项目代建制的综合比较 表2.1

比较内容	工程监理制	项目代建制
法律地位	国家法律强制	国家法规推荐
单位选择方式	招标方式	招标、委托、指定等方式
实施范围和内容	主要在施工阶段，以质量、安全为主	比工程监理广，一般包括设、施工，甚至建设全过程，全面建设管理

续上表

比较内容	工程监理制	项目代建制
地位与作用	业主委托方,作为业主管理的补充或辅助,以业主为主导	业主代理人,在管理中起主导作用
单位属性	社会专业化的监理单位	社会专业化的项目管理单位
合同方式	承包人与业主签订承发包合同,不与监理人签订	承包人与代建单位签订承发包合同,工程款由代建单位支付
酬金方式	相对固定价格合同,按合同约定支付费用,一般与项目控制的水平不直接相关	一般为激励属性合同,根据工程项目管理水平,可获得管理费用和节余奖励

代建单位的职责很容易和监理发生交叉,在推进代建工作中,要探索工程监理制与代建制有机结合,形成新型的项目管理模式。推行工程监理制和项目代建制的初衷都是为了解决政府工程管理职能转变的问题和实现工程管理专业化,而且项目代建管理基本涵盖了工程监理的工作范畴,两者的业务内容高度关联和趋同。

综上所述,项目代建单位同时进行工程监理是具有管理理论基础的,两者没有矛盾,是合理的。

②代建企业参与工程监理具有法规支撑

建设部在2003年2月发布的《关于培育发展工程总承包和工程项目管理企业的指导意见》(建市〔2003〕30号)指出,鼓励具有工程勘察、设计、施工、监理资质的企业,通过建立与工程项目管理业务相适应的组织机构、项目管理体系,充实项目管理专业人员,按照有关资质管理规定在其资质等级许可的工程项目范围开展相应的工程项目管理业务,为监理企业开展项目管理业务指明了方向。同时,文件指出,对于依法必须实行监理的工程项目,具有相应监理资质的工程项目管理企业受业主委托进行项目管理,业主可不再另行委托工程监理,该工程项目管理企业依法行使监理权利,承担监理责任,这为采用代建与监理融合管理模式提供了政策导向支持,即实行代建与监理融合管理模式是国家建设主管部门鼓励和支持的。

2004年7月,国务院发布《关于投资体制改革的决定》,其中代建制项目管理模式的提出,为我国的建设监理企业向项目管理企业转变提供了平台。

住房城乡建设部2014年7月出台的《关于推进建筑业发展和改革的若干意见》(建市〔2014〕92号)指出,进一步完善工程监理制度,分类指导不同投资类型工程项目监理服务模式发展,调整强制监理工程范围,选择部分地区开展试点,研究制定有能力的建设单位自主决策选择监理或其他管理模式的政策措施,具有监理资质的工程咨询服务机构开展项目管理的工程项目,可不再委托监理,推动一批有能力的监理企业做优做强。

按2015年6月《公路建设市场管理办法》第2次修版规定,公路建设项目必须实施监理制,明确了监理单位与被监理单位之间没有隶属关系,但没有规定项目管理单位与监理单位不能为同一家单位。

根据2018年3月发布的《必须招标的工程项目规定》,根据经济社会发展水平,将施工的招标限额提高到400万元人民币,将重要设备、材料等货物采购的招标限额提高到200万元人民币,将勘察、设计、监理等服务采购的招标限额提高到100万元人民币。

根据《必须招标的工程项目规定》(国家发展改革委令第16号),根据经济社会发展水平,将施工的招标限额提高到400万元人民币,将重要设备、材料等货物采购的招标限额提高到200万元人民币,将勘察、设计、监理等服务采购的招标限额提高到100万元人民币。

综上所述,项目代建单位参与工程监理无明显的法律法规障碍,具有法规支撑,是合法的。

现行的建设管理法规均以传统管理模式为基础制定,代建和监理作为两个独立的管理方法均有较为完善的管理制度,但代建与监理融合管理模式将两个管理主体融合为一体,需要制定相应的制度来保障执行。

鉴于监理规范和程序暂时无法突破,除需遵循现行法规外,代建与监理融合管理模式在机构设置、人员配备和审批管理等方面需要进一步探索与研究。

项目代建单位同时进行工程监理是具有管理理论基础的,两者没有矛盾,是合理的。项目代建单位参与工程监理无明显的法律法规障碍,具有法规支撑,是合法的。对于实现项目代建制和工程监理制的有机统一,从根本上来说,就是要以强化综合资质为手段,以专业资质分类分级管理为基础,以综合项目管理服务为龙头、以专业监理为补充,构建综合与专业、监管与服务、代建与监理,分工协作、和谐的新型项目管理队伍。同时,进一步深化项目管理体制机制的改革,综合实力强的监理企业应主动作为,以发展工程项目管理全过程服务功能为导向,打造和培育一批综合型现代项目管理企业。

(5)代建与监理融合管理模式在现行法律法规体系下存在的问题

关于公路工程代建与监理融合管理,其单位资质、人员资格、工作内容与程序、实施细则、招投标管理、合同管理等方面的全国性法律法规依据还没有完善,这为代建与监理融合管理模式的实施带来了一定的困难。

①代建与监理融合管理单位的地位与职责缺乏法律法规保障

代建与监理融合管理单位与项目业主的职责、权利和义务划分没有明确的法律依据，代建与监理融合管理合同的签订方式与内容有待规范。由于法律法规没有对代建单位授予足够的法律地位，代建与监理融合管理合同的各方之间的关系不清晰，代建与监理融合管理单位在履行代建与监理融合管理职能时，难以正确地把握工作的范畴和职责。项目业主一方面需要代建与监理融合管理方服务，另一方面又不愿赋予代建与监理融合管理方真正的权力，使之丧失其对项目建设过程的管理职能。

②专业管理公司代建与监理融合管理的法制不全

工程指挥部、项目法人制、集中投资管理模式均未能充分发挥代建社会化、职业化、专业化的优势，未能切实提高项目管理水平和工作效率，未能有效完成公路建设项目的全过程、全方位管理。

为了简化机构设置，实现资源的最优化配置，可考虑将代建单位、监理单位合二为一。虽然交通运输部于2015年2月印发了《全面深化交通运输改革试点方案》（交政研发〔2015〕26号）的通知，在《公路建设管理体制改革试点方案》中明确了创新项目管理模式，分别提出了自管模式、改进的传统管理模式、代建模式，并指出，项目法人通过招标等方式选择符合项目建设管理要求的代建单位承担项目建设管理工作。代建单位受项目法人委托，依据代建合同开展工作，履行合同规定的职权，承担相应的责任。鼓励代建单位统一负责建设管理工作和监理工作。但由于代建与监理融合管理模式尚处于试点摸索阶段，政府出台的法律法规没有明确规定适用范围、资质条件、组织架构、人员编制要求、收费等具体问题。

a. 适用范围。代建与监理融合管理模式的适用性必须考虑两方面因素，一方面是公路工程量是否适合该模式，另一方面是管理单位的能力能否与相应的工程量相匹配，有效地保障工程质量。代建与监理融合管理模式作为一种管理制度创新，由原来的业主、监理、设计、施工四方变成了监管方和工程总承包方两方，它具有机构精简、监管高效、工作顺畅等明显优势，但也存在体制、机制、管理等方面的争议，有待法律法规的出台，并加以明确适用范围。

b. 资质条件。在代建与监理融合管理模式下，监管单位必须同时满足监理与工程管理两方面的资质要求。我国从事监理工作的单位必须取得监理资质，公路工程监理资质分为甲级、乙级、丙级三个等级。目前，我国法律法规对工程管理企业的从业资格没有特别的限制，在住建部《关于培育发展工程总承包和工程项目管理企业的指导意见》（建市〔2003〕130号）中指出，具有工程勘察、设计、施工、监理资质的企业均可以通过公平竞争开展项目管理工作。同时满足上述监理与工程管理资质的法人机构，也可以开展监管工作。这种法人机构大致可以分为两类：一是具有工程勘察、设计、施工资质的设计、施工单位，并同时取得监理资质的法人；二是监理企业。具体哪种资质类型更适合代建与监理工作的深度融合化，没有法律法规的依据。

　　c.组织架构。管理模式的组织架构是工作开展的核心，代建与监理融合管理模式的组成形式与架构组成在法律法规上缺少相应的规定，因此需要进行应用探索，从而找到最适合的组织架构。

　　d.人员编制要求。人员编制需要考虑工程量与监管单位能力相匹配的原则，大、中、小型项目不一定均适合代建与监理融合管理模式；同时管理机构的人员配备在法律法规上缺少相应的规定。

　　e.收费问题。一直以来，我国的监理取费较低。我国规定公路工程监理服务的取费费率是工程造价的1.6%左右，勘察设计取费费率为工程造价的2.5%~3%。然而监理的服务期限是设计阶段的3倍左右，投入的技术人员是设计人员的2倍左右。英、美、日、中国香港等发达国家和地区的工程监理取费水平普遍在3%左右，并有额度远大于取费条款的约定奖励。代建与监理融合管理的取费包含两部分：建设单位管理费、工程监理费。由于目前该模式实施较少，相关的法律法规对此并没有明确规定，所以，重新核定工作量、制定公平的取费标准是一项有待开展的重要工作。

第3章 代建与监理融合管理模式研究

3.1 背景基础

根据交通运输部深化体制改革工作要求,2015年7月,浙江省交通运输厅印发《关于印发浙江省交通运输综合改革试点实施方案的通知》(浙交〔2015〕160号),将开展代建与监理融合管理研究和试点列入综合改革试点工作。该模式是对交通运输部鼓励代建模式下由代建与监理融合管理单位统一负责项目建设管理工作和监理工作的全面响应。

2015年9月28日,浙江省发改委在《关于在公路建设中开展"代建+监理"模式试点和项目招投标有关事宜的复函》(浙发改基综〔2015〕534号)中批复同意以招标方式选择代建与监理融合管理单位。以临安交通投资发展有限公司为项目出资人的临安陈家坞至市地公路改建工程、临安新联至横畈公路改建工程、临安青山至大罗公路改建工程开展"代建+监理"的工程管理单位招标,浙江公路水运工程咨询有限责任公司在总结新疆代建工作经验的基础上,借鉴其他省份的试点经验,于2015年10月经过此项目招投标后,成功中标。此后一年内,浙江公路水运工程咨询有限责任公司在G228国道三门园里至宁海一市段公路工程、湖州市南太湖产业集聚区吴兴杨溇桥至南浔菱湖公路工程项目的"代建+监理"单位招标中先后中标,拉开了浙江省公路工程代建与监理融合管理模式建设的序幕。

3.2 模式创新分析

3.2.1 模式定义与工作界面划分

代建与监理融合管理模式是指由项目法人通过招标形式选定有资质的专业管理公司,将代建与监理工作深度融合,实行市场化、专业化、社会化管理,依据合同承担项目建设管理、工程监理及相关工作,按建设计划和设计要求完成建设任务,直至竣工验收后交付使用单位的一种模式。

代建指挥部将受项目业主委托,负责本项目代建管理工作。协助项目法人办理相关审批手续并落实相关要求,配合国家有关部门依法组织检查、考核等,负责落实整改。协助项目法人或者受项目法人委托,组织编制招标文件,完成勘察设计、施工、材料设备供应等招标工作;对各参建单位进行合同管理,根据合同约定,细化、分解项目管理目标,落实目标责任;履行工程质量、安全、进度、计量、环境保护等相关责任;协助项目业主完成征地拆迁工作;拟定项目进度、资金、工程质量、安全保障等计划与措施等;开展设计变更管理、审批与上报工作;组织中间验收,受业主委托组织交工验收、专项验收(水保、环保、土地、档案等)、竣工验收,组织项目交(竣)工验收,负责缺陷责任期内的缺陷修复管理工作,工程接收管养移交工作;组织有关单位编制竣工文件;依法进行工程质量检查、考核等工作,并负责落实整改;负责质量缺陷责任期内的缺陷维修工作管理;完成施工阶段的监理工作。

项目业主负责征迁、较大及重大变更、资金支付等。审定代建与监理融合管理方的工作方案、项目管理目标、年度投资计划和主要工作计划,定期组织检查与考核;配合地方人民政府和有关部门完成征地拆迁工作;及时支付工程建设各项费用;审查代建与监理融合管理单位报送的设计变更方案,依法办理相关变更手续;组织项目竣工决算、财务审计等工作;做好整体工程接收及管养工作;组织对代建与监理融合管理单位进行客观、全面、公正的绩效评价。

项目法人、代建与监理融合管理方工作界面划分详见表 3.1。

项目法人、代建与监理融合管理方工作界面划分 表 3.1

项目法人	代建指挥部
1. 依法承担公路建设项目的总体管理责任	1. 依法承担公路建设项目的建设管理责任
2. 严格执行国家基本建设程序和有关规定,依法组织办理相关审批手续,督促相关参建单位落实相关要求	2. 严格执行国家基本建设程序和有关规定,协助项目法人办理相关审批手续并落实相关要求,配合国家有关部门依法组织检查、考核等,负责落实整改,协助项目法人或者受项目法人委托,组织编制招标文件,完成勘察设计、施工、材料设备供应等招标工作
3. 授权"代建+监理"单位依法选定勘察设计、施工、材料设备供应等单位,代表项目法人与上述单位签订合同,明确项目法人、"代建+监理"单位与上述单位的权利义务。项目法人直接与勘察设计、施工、材料设备供应等单位签订合同的,应当在合同中明确"代建+监理"单位对上述单位的管理职责	3. 对勘察设计、施工、材料设备供应、技术咨询等单位进行合同管理,根据合同约定,细化、分解项目管理目标,落实目标责任

续上表

项目法人	代建指挥部
4.审定"代建+监理"方工作方案、项目管理目标、年度投资计划和主要工作计划,定期组织检查与考核	4.依据相关法规和合同,履行工程质量、安全、进度、计量、环境保护等相关责任,审核、签发项目建设管理有关文件
5.配合地方人民政府和有关部门完成征地拆迁工作	5.依据合同协助项目业主完成征地拆迁工作,分析工程实际需要,实时提供征迁的优先次序,涉及工程变更的征迁工作,提供变更比对方案,供决策参考
6.筹措并落实建设资金,及时支付工程建设各项费用	6.拟定资金使用计划、审核工程计量,签发工程支付,并报经项目法人同意
7.对"代建+监理"单位在服务期内的工作进行全过程监管,审定"代建+监理"单位报送的一般、较大及重大设计变更方案,依法办理相关变更手续	7.重大设计变更由代建指挥部初审,报项目法人审核,其他变更由代建指挥部审核,报项目法人审定
8.组织项目竣工决算、财务审计等工作	8.组织中间验收,受业主委托组织交工验收、专项验收(水保、环保、土地、档案等)、竣工验收;组织项目交(竣)工验收,负责缺陷责任期内的缺陷修复管理工作;工程接收管养移交工作
9.做好整体工程接收及管养工作	9.承担项目档案及有关技术资料的收集、整理、归档工作,组织有关单位编制竣工文件
10.组织对"代建+监理"单位进行客观、全面、公正的绩效评价	10.负责配合国家有关部门、行业质量监督、检验等部门依法进行工程质量检查、考核等工作,并负责落实整改
11.其他法定职责与义务	11.负责质量缺陷责任期内的缺陷维修工作管理,配合项目法人准备竣工验收相关工作
	12.完成本项目施工阶段的工程全过程监理工作
	13.合同约定的其他职责

  代建与监理融合管理单位及其项目代建指挥部应当依法接受交通运输行政主管部门及其他有关部门的监督、检查和审计部门的审计。

  勘察设计、施工、材料设备供应等单位应当按照相关法规和合同约定,接受代建与监理融合管理单位的管理,依法承担相应职责和工程质量终身责任。

  各级交通运输行政主管部门及各行业管理部门应当依法加强对项目代建与监理融合管理工作的监督管理,重点对国家法律、法规、政策落实情况,基本建设程序及强制性标准执行情况、代建与监理融合管理合同履约情况等进行监督检查，发现问题及时通知项目法人和代建与监理融合管理单位进行整改。

3.2.2 模式特点

代建与监理融合管理单位为项目法人通过招投标选定的咨询服务机构，按照合同约定范围履行相应的项目建设管理职责，同时承担项目的监理工作。代建与监理融合管理单位提供技术和人员保障，组建代建指挥部全面负责项目实施过程中的建设管理，行使项目建设的质量、进度、费用、安全、合同、环保、档案、信息等监管，组织交工验收，协助项目业主完成竣工验收；协助项目业主完成征迁、较大及重大变更、审批与资金支付等；根据合同要求，可参与项目各阶段的招标管理（可行性研究、工程设计、工程施工、材料供应等）。

(1) 工作内容明确

除征地拆迁、资金筹措、竣工验收、整体工程接受管养以及属于政府相关部门之间组织、协调、审批职责范围内的工作外，其余建设管理工作均属于代建与监理融合管理单位的工作内容，由代建与监理融合管理单位提供专业化的项目管理服务。

(2) 管理机构精练

①将代建单位与监理单位合二为一，总工与总监进入指挥部领导层。

②项目管理机构设指挥长1名，副指挥若干名（可根据需要兼职），总监1名，总工1名，下设4部1室（综合部、合同部、安全环保部、工程监管部、中心试验室），其中工程监管部根据项目复杂程度、合同段划分而下设若干合同段驻地组。

(3) 试验检测模式合理

代建指挥部单独设立中心试验室，负责传统管理模式下监理单位的试验检测工作和指挥部现场抽检、验证检测，或者是中心试验室由项目法人另行招标委托，承担竣交工检测与试验检测工作，使其更具独立性和公正性。

3.2.3 模式优势

(1) 提高代建与监理的工作效率

代建期间，项目管理与工程监理的原有职责进行了有效融合，针对项目管理内容，项目管理组织机构模式采用合适的管理层次和管理跨度，精简管理层级，最大限度地满足管理需要，提高管理效率。部门和岗位职能划分遵循不重叠、无空白的原则，整合管理职责，将工程监理与项目管理有机融合。

代建与监理融合管理单位按照合同约定代建项目建设投资主体职责，是项目建设管理现场的唯一管理者。代建与监理融合管理单位在权限范围内，根据法律、法规和行业规范的要求，按照自身管理制度和经验独立完成工程管理工作。代建与监理融合管理单位虽然实施具体管理，但受项目法人的监督制约，受代理权限的限制，如工程变更、工作质量与标准、工程投资等仍受项目法人的严格监督，其目的是将项目建设的决策权与执行权分离，其实质是通过建设工程的专业化管理，使得建设项目管理水平和项目投资效益获得"双丰收"。该模式对项目法人和代建与监理融合管理单位的职责进行了明确划分，项目法人主要负责征地拆迁、筹措并落实建设资金、对代建指挥部的考核与监督等工作；代建指挥部负责工程建设管理与工程监理工作。

（2）提高专业化管理水平

负责代建与监理融合管理的企业抽调内部专业人员来组建代建指挥部，将传统的工程建设指挥部与监理办融入代建指挥部；以代建与监理融合管理企业的工程技术、专业化管理指导项目建设，破解施工难题。代建指挥部充分发挥技术力量雄厚、经验丰富的优势，在工程建设项目组织实施、质量安全进度控制等方面提供专业化管理。

另外，这种模式使项目法人单位摆脱了大量的繁琐管理工作，将工作重心转移到项目总体控制上。

（3）降低工程管理成本

工程建设与工程监管深度融合，合并优化管理责任。减少普通岗位技术人员配备，增加高职称人员岗位，提高工程管理效率；减少社会资源（办公面积与管理设备）投入，进而降低了工程管理的成本。

代建与监理融合管理对原指挥部与监理办的职能进行了整合，避免相同职能管理部门的重复设置，针对各自在管理方面的优势，重新进行了管理职能的划分，相应的工作流程也可以得到简化，有利于工程的组织和推进，节约了整个项目的管理成本。其次，针对现阶段工程管理中检测手段、信息化手段的发展，部分管理工作也可以进行相应的优化和简化。同时，还可精简不必要的签认，适当缩减了部分监理内业工作量。

（4）为监理、咨询企业转型发展探索出新路

针对目前常规工程代建项目盈利不高的现状，代建与监理融合管理实现了项目盈利目标，改变了代建盈利不高的现状，对公路工程代建市场的培育起到重要作用。同时，为监理、咨询企业全面提高综合服务能力，向全方位、全过程项目管理企业转型释放出积极信号，对扶持和引导优秀监理企业开展代建业务提供了可以复制的宝贵经验。

(5) 降低业主廉政风险

投资人、代建与监理融合管理单位、施工单位以合同的形式确定了项目出资法人、项目管理法人、项目使用者、施工单位等单位的责任、权利、义务。建立了约束和奖励机制，从项目的质量、安全、工期、投资控制、廉政等方面对项目的预期目标实行严格的控制，建立了相互监督约束的有效机制。在管理过程中，在施工单位、主要设备设施和材料的选择上能严格执行国家有关招标投标、合同管理等制度，避免了一家说了算的格局。这是党风廉政建设从源头治理建设领域腐败的有力措施和手段，将有效遏制腐败事件的发生，也切实解决了交通运输主管部门既主管项目又主持项目建设，身兼"裁判员"和"运动员"两职的现实矛盾。

(6) 投资控制得到真正落实

作为专业队伍，"代建+监理"单位可以在设计阶段直接介入设计管理，在设计阶段对投资进行控制，为杜绝项目"概算超估算、预算超概算、决算超预算""三超"现象提供可靠保证，进一步提高投资效益。在工程实施过程中，可借助咨询监理公司的专业技术力量有效减少设计变更量。

工程项目建设由"代建+监理"单位统一管理，还有利于管理标准统一，有利于工程费用总体控制，有利于工程同步推进。

(7) 深化行政审批制度改革

切实解决了交通运输主管部门"投、建、管、运"四位一体，既主管项目又主持项目，身兼裁判员和运动员两职的现实矛盾，使基层交通运输主管部门的监管职能得到强化，其办事职能逐渐淡出，推动基层部门切实担负起交通建设行业监管职能。

3.3　适用范围与条件

从公路代建的一系列试点和实践经验来看，代建与监理融合管理模式主要适用于项目法人自身的管理能力和经验较为薄弱，需要通过招标委托专业化的项目管理公司或咨询公司协助管理的情况，具体包括：

①项目法人自有的专业技术人员、管理人员、设备资源等并不是很充分，且自身的管理工作量较为繁重，没有足够的精力和意愿进行公路建设管理的专业性探索，更愿意借助已有的专业机构力量来完成管理工作，将主要管理职责（包含监理工作）通过招标委托给"代建+监理"单位，委托专业单位协助管理可显著地增强项目建设管理的力量；

②项目规模较大、技术较为复杂，项目建设管理的任务、协调工作量较大且较繁琐，项目法人实施建设管理的工作量和难度较大的公路工程项目；

③主要适用于高速公路与高速公路新增互通、普通国省道公路与航道、地方道路(含市政道路)等线性工程。

代建与监理融合管理模式已在普通国省道公路开展试点且效果良好,目前又在地方道路建设中开展该模式的项目管理,此外,在地方航道工程建设、高速公路与高速公路新增互通的监管中也有此需求,因此,提出了上述三类适用工程。

另外,具体的代建与监理融合管理企业准入制门槛条件要求在3.5.3中叙述,人员要求见3.4.1。

3.4 管理机制研究

3.4.1 管理组织构架

(1)组织架构设置原则

组织架构是工作开展的核心与关键问题,是后期工作开展的前提,具有重要意义。代建与监理融合管理单位应按合同要求组建项目代建指挥部作为派驻工程现场的项目管理机构。建设单位管理与工程监理均是公路建设项目管理的一部分,建设单位侧重组织策划,监理单位侧重落实实施,实现目标。

①针对项目管理内容,项目管理组织机构模式采用合适的管理层次和管理跨度,最大限度地满足管理需要,提高管理效率。

②部门和岗位职能划分遵循既无重叠,又无空白的原则,充分考虑关键管理工作在不同部门、岗位间的制衡关系,并尽可能避免产生不必要的协调工作量,减少管理成本。

③管理机构的岗位和人员编制以满足管理任务要求、人员满负荷工作为原则。

④本着"职能齐全、精干高效"的原则,内设机构设置时应考虑计划、合同、技术、质量、安全、财务、纪检等职能要求。

(2)组织架构

代建与监理融合管理单位既要实现管理和监理的深度融合,避免管理和监理之间的职能重合,又要使项目管理的组织策划和监理工作落实实施,实现协调对接,使权责进一步明晰,在保证管理到位的前提下,最大限度地减少项目管理人员,提高项目监管效率。在保证监理职能专业性、独立性、公平性的基础上,减少监理行政类人员数量,实现工程监理和项目管理面对面办公,使监理工作可以扩展到全过程监理。

代建指挥部组织架构分为三个层次,即管理层、执行层和现场落实层,详见图3.1。

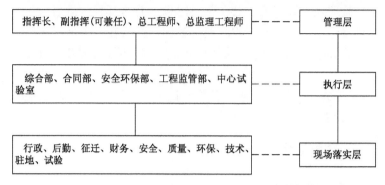

图3.1 项目管理组织构架

管理层由指挥长、副指挥(可兼任)、总工程师、总监理工程师组成,实行项目指挥长负责制,副指挥、总工程师、总监理工程师对指挥长负责,分别履行行政、技术和现场监理的管理职能。

执行层包括综合部、合同部、安全环保部、工程监管部和中心试验室等部门,即4部1室,满足计划、合同、技术、质量、安全、环保、财务、纪检等建设、监理各方职能要求。其中,合同、财务两项职能不得设置在同一部门,并且各部门有关工作人员不得相互兼任。

现场落实层主要负责项目的技术、安全、质量、试验与行政办公等现场管理,其中工程监管部根据项目复杂程度、标段划分下设若干标段驻地组。

(3)人员要求

项目代建指挥部的项目指挥长、副指挥、总工程师、总监理工程师应当在代建与监理融合管理单位工作3年以上,且具有10年以上的公路建设行业从业经验、高级以上专业技术职称,以及至少2个同类项目建设管理经历。

项目指挥长原则上不得兼任总监理工程师。

项目代建指挥部的管理人员和技术人员的数量、能力应当满足项目代建与监理融合管理工作需要,且不得同时在其他建设项目中任职,人员数量应参照《高速公路项目建设管理指南》(浙江省交通运输厅2015年1月)与《浙江省公路建设项目代建+监理管理暂行办法》(浙江省交通运输厅2018年1月)等相关规定。监理工程师的数量和专业结构应当满足《公路工程施工监理规范》(JTG G10—2016)相关规定。代建与监理融合管理需要既有项目管理经验,又要有现场监理、试验检测等经验的复合型人才。

代建与监理融合管理单位应按交通运输部、省交通运输厅有关建设单位备案要求,将单位的基本信息、项目代建指挥部的职能部门、人员配置及其他相关信息报有关行业管理部门备案。实施过程中备案信息发生变更的,应将变更情况报原备案部门备案。

3.4.2 管理职责融合

原项目管理与监理各方的工作职责应进行充分融合,融合提升为代建指挥部的职责,见图3.2,这些职责包括计划与进度、合同、技术、质量、安全、环保、费用、廉政等。

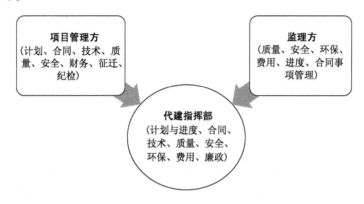

图3.2 项目管理方与监理方职责融合

项目组建代建指挥部,设指挥长、副指挥长(可兼任)、总工程师、总监理工程师等领导岗位,并设置综合部、工程监管部、合同部、安全环保部、中心试验室等职能部门,见图3.1,工程监管部可下设若干现场监管组。代建指挥部领导岗位与各部门职责划分见表3.2。

代建指挥部领导与各部门岗位职责划分　　　　表3.2

岗位(部门)	工 作 职 责
指挥长	全面主持代建指挥部工作,负责项目全过程、全面的工作,负责与业主进行沟通协调,主持召开各类会议,签发重要的文件,负责项目廉政建设等
副指挥(可根据需要兼任)	协助指挥外联工作,分管代建指挥部日常管理工作
总工程师	分管合同部,协助指挥负责工程技术、科研试验、设计文件审查以及重大施工方案审核等
总监理工程师	分管工程监管部、安全环保部,负责协助指挥进行项目实施过程中的质量、安全、进度、环保等方面的管理工作

续上表

岗位(部门)	工作职责
综合部(处)	负责综合、行政、后勤、财务工作； 协调各部门信息传递、外联等工作
工程监管部(处)	负责质量与进度管理、技术、现场施工管理工作； 负责联系设计后续服务工作； 履行巡查、旁站、抽检等现场监管工作； 协助合同部开展工程计量、索赔管理等工作
合同部(处)	负责指挥部计划、合同、费用管理工作； 履行招投标、合同、索赔管理、设计变更、工程计量工作； 协助工程监管部开展进度管理工作
安全环保部(处)	负责指挥部安全、环境保护、文明施工等管理工作； 履行监理安全、环保工作
中心试验室	负责指挥部试验、检测工作；履行监理试验工作

融合原则主要为：工程监管任务融合；监管工作内容融合；监管工作职责融合；合理优化管理层级。

征迁、资金筹措、财务支付等工作根据代建合同委托内容确定。

代建与监理融合管理模式将工程监理机构融合到代建指挥部内，实行总监负责制不变，但监理机构不再单独设立，总监兼任代建机构负责人之一。具体为：

①监理合同工作融入代建指挥部合同部(处)；

②监理安全环保工作融入代建指挥部安全环保部(处)；

③监理试验工作融入代建指挥部中心试验室；

④监理档案综合工作融入代建指挥部综合部(处)；

⑤监理质量管理、进度管理部分职责、现场监理工作融入代建指挥部工程监管部(处)。

此外，将传统指挥部负责人与总工岗位分别对应调整为代建指挥部指挥长与总工，把传统指挥部各部门职责分工融入代建指挥部管理体系，提高管理效率，具体为：

①综合、财务、纪检、协助征迁协调等工作融入代建指挥部综合部(处)；

②计划合同管理工作融入代建指挥部合同部(处)；

③工程管理工作融入代建指挥部工程监管部(处)；

④安全管理工作融入代建指挥部安全环保部(处)。

3.4.3 责任风险分担

建设工程具有履行期限长、作业环境恶劣、风险不确定等特点,因此公平合理地分配风险显得至关重要,合理的风险分配机制往往能使当事人在风险发生之前主动采取防范措施或者风险发生后妥善安排善后工作,以保障合同履行利益的实现。代建与监理融合管理项目要比一般工程项目的风险复杂得多,为了保证项目顺利实施,就必须对这些风险要素进行全面的管理,并在项目法人(政府委托人)和代建与监理融合管理方之间进行合理的分担。

1)主要风险

(1)越权干预

项目法人为了自身的利益,在项目建设过程中对属于代建与监理融合管理方责任范围内的工作横加干预,如自定施工承包商和材料供应商、随意提高项目建设标准等。这将制约代建方的正常管理秩序,影响代建人员的积极性、责任心,不利于工程质量、安全的保证,可能导致争议的出现。

(2)土地征用、房屋征迁难题

公路项目建设中,土地征用和拆迁是施工准备阶段的一大难题,直接关系到沿线群众和企业的利益,代建指挥部应配合项目业主进行土地、房屋征迁,如不能按计划完成征迁工作,将直接影响施工企业进场作业,导致工程延期的风险。

(3)监督机制不完善

由于目前存在着工程"重复监督"的问题,加之各地的监督方法还不完善,使得监督制度缺失,从而导致监督积极性不高,难以形成高效的监督。

(4)政策不稳定

政策法规变化也是一个重要的风险因素。由于代建制方面的各项法律法规不完善,配套制度也相对缺乏,对其实施过程中出现的一些问题的法律依据不足。此外,由于法律法规及其他政府宏观经济政策的变化会造成项目成本增加、工期延误等后果。

(5)费用支付不及时

由于代建与监理融合管理项目建设资金审批程序复杂,可能会出现工程款拨付不及时的现象。建设资金拨付不及时则会给代建与监理融合管理单位的工作带来很大的压力,致使工程承包商施工积极性不足,工程进度拖延,降低工程质量等一系列问题,最终导致代建与监理融合管理项目各目标无法实现,同时政府信誉也将蒙受巨大损失。

(6)质量风险

项目质量风险的分担完全按照"由对风险最有控制力的一方控制相应风险"的原则由代建与监理融合管理单位承担,代建与监理融合管理单位可以通过合约的形式将该风险转移给承包商,并通过有效管理项目施工来降低质量风险。

(7)安全风险

在项目管理过程中,存在着各类安全风险,这会全方位影响项目的建设,需代建与监理融合管理单位与项目法人共同分担,并在合同中明确不同安全风险的处理方式。

(8)信用风险

代建双方有一方不履行或拒绝履行合同约定的责任和义务就会给项目带来直接或间接的危害。由于相应的信用评价体系还不完善,不仅在代建与监理融合管理单位、设计单位等招标过程中失去了一项有力的依据,也不利于对代建与监理融合管理单位、设计单位等履约行为进行约束。

(9)项目决策失误

在代建与监理融合管理项目可行性研究阶段要综合考虑地区经济发展形势的走向以及地区社会形势的稳定和发展前景等,调查数据的失真往往会给项目的建设带来较大的风险,最终决策的失误往往会给代建项目带来更严重的后果。另外,出资人只能给出项目功能要求及设计标准,如果存在遗漏或者不合理的地方,在项目建设过程中项目法人要求变更,比如提高功能要求,就会引起投资增加以及工期延长等问题。由于项目决策是由项目法人做出的,项目法人原因造成的项目决策风险理应由项目法人承担。

(10)代建与监理融合管理单位能力不足

在公路工程建设项目实施过程中,代建与监理融合管理单位一定程度上充当着项目管理者的角色,代建与监理融合管理单位技术、管理能力不足将会对公路工程建设项目的实施产生较大的风险。缺乏高水平代建与监理融合管理企业成为代建项目成本控制的一大问题。

(11)办理建设程序拖延

项目需经过复杂的审批程序,由于代建与监理融合管理单位的法律地位未得到建设、土地管理和环保部门的认可,办理建设程序有时候人需要由使用单位出面,花费时间长、成本高,且批准之后,对项目的性质和规模进行必要调整非常困难。

(12)通货膨胀

通货膨胀速度加快,项目的工程承包市场、材料供应市场、劳动力市场的变动,工资的上涨,货币的购买力下降,均会导致项目成本增加等其他后果。

(13)法律法规不完善

目前还没有专门针对代建与监理融合管理项目的专用法律条款,而都是参考其他法律。由于代建与监理融合管理在法律上没有明确的规定,代建与监理融合管理单位的法律地位无法得到保证,导致在此类项目建设过程中出现现有法律无法解决的问题。政府投资的法律体系不健全,缺乏政府投资管理的专门法律和相关规章,不利于协调部门之间管理程序的冲突。

(14)责任界定不合理

责任界定不合理主要是责权分配不合理,我国代建制项目实施过程中会出现项目法人在指责代建与监理融合管理方作用发挥不充分的同时却不愿对代建与监理融合管理方充分授权,代建与监理融合管理方在抱怨项目法人干预太多的同时却不能为项目法人承担更多责任的情况。由于职责划分不清晰,导致项目参与方沟通协调困难,经常发生相互推诿,给项目的顺利实施带来了很大的阻力。

2)主要风险分担方案

根据上述对"代建与监理融合管理"项目主要风险的介绍,结合代建项目风险分担的原则,可以提出代建与监理融合管理项目主要风险的分担方案(表3.3)。

代建与监理融合管理项目主要风险的分担方案　　　　表3.3

主要风险因素	后果	合理的风险分担方案	
		分担方	分担方法
项目法人越权干预	浪费人力、物力、财力,增加项目成本	项目法人	在合同中明确干预条款
土地、房屋征迁	影响工程进度	项目法人	在项目谈判时明确土地无法获得或延迟获得的损失赔偿方法
监督机制不完善	重复监督,增加成本	项目法人	在合同中明确监督内容
政策不稳定	政策变化导致项目失败	项目法人	明确政策变化后的补偿方式
费用支付不及时	影响工程进度与质量	双方	明确违约之后的补偿方法与相应的补偿费用标准
质量风险	影响项目使用,甚至导致项目失败	代建与监理融合管理方	加强与政府部门的沟通和合作,通过与项目承包商签订合同,将风险转移

57

续上表

主要风险因素	后 果	合理的风险分担方案	
		分担方	分担方法
安全风险	全方位影响项目建设	双方	在合同中明确不同安全风险的处理方式,明确各方的安全责任
信用风险	信用缺失,增加项目成本,影响工程进度	双方	约定一方发生信用缺失后的惩罚办法
项目决策失误	影响项目顺利进行	项目法人	合同中约定如果是决策失误,代建与监理融合管理方免责
"代建+监理"单位能力	对项目管理失效,质量、进度、成本管控失败	代建与监理融合管理方	如果代建与监理融合管理方管理不善,则由代建与监理融合管理方承担损失
办理建设程序拖延	不能及时进行施工,影响工程进度	双方	由项目招标文件不完备、不正确和政府人员效率低下导致的项目审批延迟由政府部门承担,并予以代建与监理融合管理单位相应补偿
通货膨胀	货币的购买力下降,导致项目成本增加	代建与监理融合管理方	在合同中约定代建方可以承受的范围
法律法规不完善	不利于各方协调	项目法人	如果与项目有关的任何法律法规的变化对象项目建设带来实质性的影响,政府应给予代建与监理融合管理单位一定的补偿,补偿方法和措施应在合同中明确
责任界定不合理	沟通协调困难,工作难以开展,项目难以顺利进行	双方	制定公平、合理、兼顾各方利益的标准化合同文件,增加招投标阶段的透明性

表3.3明确了不同风险因素的分担方,当双方共担建设责任风险时,应由项目法人承担主要责任,代建与监理融合管理单位承担次要责任。

3.4.4 流程与工作优化

代建与监理融合管理模式优化了冗余流程,质量、安全、进度管理前移;管理工作得到了优化调整。

1) 审批流程优化

包括工程变更审批、索赔及延期审批、计量支付审批、现场确认审批、施工计划审批等。

(1) 工程变更审批流程

项目实施过程中的工程变更提出人可能是建设单位、设计单位、监理单位以及施工单位,可能涉及设计方案、施工方案、计量费用等,按工程变更性质和金额大小分为一般变更、较大变更和重大变更。对较大变更和重大变更,以及由建设、设计、监理单位提出的工程变更按原规定走流程。

对于施工单位提出的工程变更,在传统模式下变更审批流程一般为:施工单位上报工程变更报告单、专业监理工程师初核、合同专业监理工程师初审、总监签署监理办意见、设计代表出具设计意见、建设单位工程部门审定、建设单位负责人审批(重大及较大变更报项目法人、交通主管部门、初设批复单位)。工程变更报告单审批后转回监理办,总监签发工程变更令,下发施工单位组织施工。

考虑到传统模式下施工变更工程审批时间较长,不利于工程进度控制,根据推荐方案的机构设置和部门职责,将施工单位提出的工程变更审批分为变更方案审批和变更费用审批两部分。

变更方案审批程序:接到施工单位工程变更方案联系单后,合同部组织设计代表、工程监管部、施工单位及必要的专家进行审查,形成会议纪要,经合同部审核、设计代表出具设计意见(或变更设计图)、代建指挥部总监会签、总工审定、代建指挥部审定,由合同部下发施工单位,组织变更工程施工。

变更费用审批:变更工程施工完成并检验合格后,由施工单位向工程监管部上报工程变更报告单,由工程监管部现场监管组负责人初核工程数量、设计代表确认、合同部审核确定变更单价与变更金额、总工会签、总监审定、代建指挥部审核后,再由项目法人审定。

(2) 索赔、延期审批流程

传统模式下的索赔、延期审批流程一般为:施工单位上报、现场监理初核、专业监理工程师复核、合同专监出具监理办初审意见、总监审查、建设单位工程部门审定、建设单位负责人签发。

根据现有机构设置和部门职责分配,索赔、延期的审批程序调整为:施工单位上报、合同部复核、代建指挥部审核、项目法人审定。

(3) 计量支付审批流程

传统模式下计量支付审批流程一般为:施工单位上报计量资料、现场监理初核工程质量和现场计量数量、专业监理工程师复核、合同专监出具初审意见、总监签发监理办意见、建设单位工程部门审核、建设单位负责人签发。

根据现有机构设置和部门职责分配,计量支付的审批程序调整为:施工单位上报计量资料、工程监管部初核工程质量和现场计量数量、合同部复核、总监签署监理办审查意见、代建指挥部审核、项目法人审定。

(4) 现场确认审批流程

传统模式下现场确认审批流程一般为:施工单位上报现场确认单、现场监理初核数量、专业监理工程师复核、合同专监审查、总监签署监理办意见、设计代表确认、建设单位工程部门审定、建设单位负责人审批。

根据现有机构设置和部门职责分配,现场确认审批流程调整为:施工单位上报现场确认单,合同部负责联合工程监管部、设计代表、跟踪审计单位现场复核确认并签认后,由总监签署监理办意见,代建指挥长审核,项目法人审定。

(5) 施工计划审批流程

传统模式下施工计划审批流程一般为:施工单位上报计划、专业监理工程师初审、合同工程师审定、总监审批。

根据现有机构设置和部门职责分配,计划审批流程调整为:施工单位上报计划、工程监管部初审、总监审批。

2) 管理工作优化

(1) 归并安全管理台账,将传统模式下建设单位和监理单位的安全管理台账合二为一,去除重复部分。

(2) 工程计量台账、工程变更台账等只要求合同部编制,不单独设立总监办(不再保留相应台账)。

(3) 摊销原总监办,取消了原总监办和代建指挥部之间发生往来文件的层次管理。

(4) 合并各类工程建设管理会议。传统模式下由指挥部组织召开工程建设管理会议,监理办组织召开工地会议,拟调整为将工程建设管理会议议题加入每月召开工地会议之中,不再单独召开工程建设管理会议。

3.5 企业准入制分析

3.5.1 在浙从业的公路建设企业现状分析

(1) 公路设计类企业

2016年以来,浙江省信用评价为 A、AA 的省内公路水运设计企业(甲、乙级)26家左右(图3.3),大致分布为:杭州7家,宁波4家,绍兴4家,嘉兴2家,台州2家,温州1家,丽水1家,义乌1家,舟山1家,金华1家,衢州1家,湖州1家。信用评价为A、AA的省外公路水运设计企业(甲、乙级)分别为:10、14家。

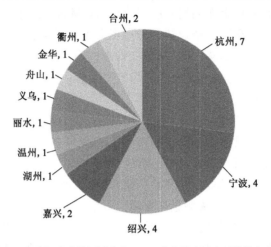

图3.3　浙江省内信用评价为A、AA的公路水运主要设计企业

(2)工程咨询类企业

2017年以前,浙江省具有国家颁发的工程咨询资格的单位共有198家(甲级49家,乙级243家,丙级106家)。全国取消工程咨询资质后,注册10人以上的浙江省内原甲级咨询单位为45家。

2017年11月6日国家发展和改革委员会以第9号令发布《工程咨询行业管理办法》,不再开展工程咨询单位资格认定工作。至此,工程咨询资质正式取消,并发布了行业最新相关管理办法。各级工程咨询单位按照国家有关规定和业主要求依法开展业务。甲级资信工程咨询单位的评定工作,由国家发展改革委指导有关行业组织开展;乙级资信工程咨询单位的评定工作,由省级发展改革委指导有关行业组织开展。

根据国家发展改革委关于印发《工程咨询单位资信评价标准》的通知(发改投资规〔2018〕623号),建立工程咨询单位资信评价制度,工程咨询单位资信评价标准以近3年的专业技术力量、合同业绩、守法信用记录为主要指标,资信评价等级分为甲级和乙级两个级别。资信评价类别分为专业资信、专项资信、综合资信。专业资信、专项资信设甲级和乙级,综合资信只设甲级。专业资信按照《工程咨询行业管理办法》划分的21个专业进行评定;PPP咨询专项资信、综合资信不分专业。工程咨询单位资信评价每年度集中申请和评定,已获得资信评价等级的单位满3年后重新申请和评定,期间对发现不再达到相应标准的单位进行动态调整。

目前,由于取消了工程咨询资质,而新的资信评价等级于2018年刚启动评定,因此,关于工程咨询企业如何开展代建与监理融合管理工作还需在新政策下进一步探讨。由于工程咨询企业拥有监理资质的比较多,因此是开展代建与监理融合管理工作的重要团队。此外,浙江省内的设计类企业大多具有原工程咨询资质,它们中的一部分也可开展代建与监理融合管理工作。

(3)公路监理类企业

经过几十年来的培育和发展,浙江省交通运输行业监理市场目前日趋成熟,监理工作的深度和力度也逐步得以加强。据2019年的调查可知,省内监理企业共计近60家,其中公路工程甲级18家,乙级6家;水运工程甲级4家,乙级2家,在浙从业的监理人员达4000多名。他们遵循"严格监理,优质服务,公正科学,廉洁自律"的从业准则,克服进度要求高、施工队伍质量参差不齐、建设资金紧张、新结构新技术新材料的试用等各种不利条件,对工程建设项目施工现场实施严格监理、科学监管,不仅提高了工程建设质量管理水平,保障了工程建设处于良好的受控状态,而且通过与工程勘察、设计、施工、业主等单位的通力协作、奋力拼搏,攻克了一道道技术难关,促进了浙江省交通建设的跨越式发展,保证了一大批重点公路水运工程项目和乡村康庄工程的如期建成。这些成绩的取得是由于广大监理企业和人员做出的巨大贡献。

现对参与浙江省公路水运工程监理的企业情况进行分析,省内外监理企业共有80家参与浙江省公路水运工程项目监理(省内58家,省外22家)。

①省内监理企业分布情况(图3.4)

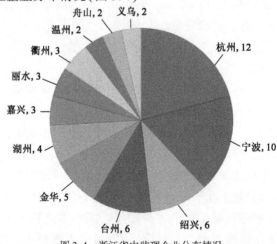

图3.4 浙江省内监理企业分布情况

省内监理企业各地区均有分布,其中,杭州地区最多,有 12 家,温州、舟山和义乌最少,各有 2 家。

②省内监理企业资质情况(图 3.5、表 3.4)

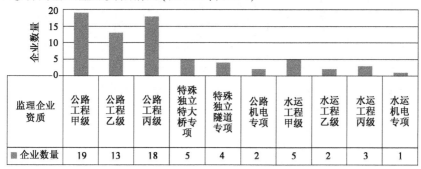

图 3.5 浙江省内监理企业资质情况

浙江省公路水运工程监理企业 58 家,拥有公路工程监理资质甲级 19 家,乙级 13 家,丙级 18 家,特殊独立大桥专项资质等级 5 家,特殊独立隧道专项资质等级 4 家,公路机电专项资质等级 2 家;水运工程监理资质甲级 5 家,乙级 2 家,丙级 3 家,水运机电专项资质等级 1 家。从属地看,全省每个地区至少有一家甲级监理企业,其中杭州甲级监理企业最多,拥有公路工程监理资质甲级 5 家,水运工程监理资质甲级 1 家,其次为宁波,拥有公路工程监理资质甲级 3 家,水运工程监理资质甲级 1 家。全国甲级监理企业数量 446 家,浙江省甲级监理企业数量 22 家,约占全国比例 5%。

省内监理企业资质地区分布情况　　　　表 3.4

地区	公路工程甲级	公路工程乙级	公路工程丙级	特殊独立特大桥专项	特殊独立隧道专项	公路机电专项	水运工程甲级	水运工程乙级	水运工程丙级	水运机电专项
杭州	5	3	2	2	2	1	1		1	
宁波	3	3	2	1			1	1		1
绍兴	1		5							
台州	2	2		1	1				2	
金华	2		3							
湖州	1	1	1					1		
嘉兴	1	1	1			1				
丽水	1	1	1							

续上表

地区	监理企业资质									
	公路工程甲级	公路工程乙级	公路工程丙级	特殊独立特大桥专项	特殊独立隧道专项	公路机电专项	水运工程甲级	水运工程乙级	水运工程丙级	水运机电专项
衢州	1	1	1			1				
温州	1			1	1		1			
舟山		1				1				
义乌	1		1							

③省内监理企业性质情况(图3.6)

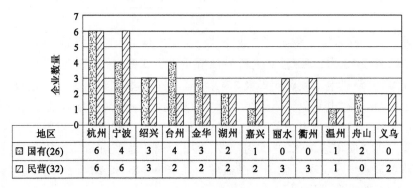

图3.6 浙江省内监理企业性质情况

省内58家监理企业中，国有的26家，占44.83%；民营的32家，占55.17%。从地区分布情况来看，国有企业主要分布在杭州、台州。丽水、衢州、义乌全为民营企业。

④省内监理企业注册资金情况(图3.7)

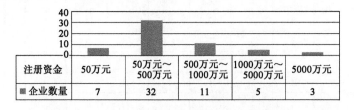

图3.7 浙江省内监理企业注册资金情况

注册资金500万元以下的企业39家，500万元~1000万元的企业11家，1000万元以上的企业8家，最高注册资金为5000万元，共有3家企业，最低注册资金50万元,共7家。

⑤在浙从业的外省监理企业资质情况(图3.8)

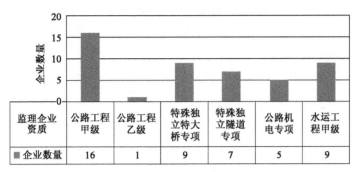

图3.8 在浙从业的外省监理企业资质情况

在浙从业的外省22家监理企业中,公路工程监理资质甲级16家,乙级1家,特殊独立隧道专项资质等级7家,特殊独立大桥专项资质等级9家,机电专项资质等级5家;水运工程监理资质甲级9家。

⑥监理企业分析

除温州市外,浙江省每个地市甲、乙、丙资质监理企业均有分布。甲级监理资质企业业务分布基本在高速公路、大型水运工程项目,乙级资质监理企业业务分布在国省道项目,丙级监理企业业务分布在本地区地方道路项目,浙江省监理资质基本满足当前交通工程建设需要。但是,随着交通基础设施投资加大,以及监理市场进一步开放,外省有实力的监理企业占据浙江省交通建设市场很大份额。特别是温州地区,因甲级监理资质紧缺,外省、外地区有实力监理企业都从业在温州地区项目上,基本都以甲级监理资质中标。

(4)公路施工总承包类企业

2016年以来,浙江省信用评价为A、AA的省内公路施工总承包类企业(一级及以上)50多家,另外,在浙从业的外省施工总承包类企业(一级及以上)也有60多家,从这些数据上看,在浙从业的省内外高资质公路施工总承包类企业数量大致持平。

3.5.2 代建与监理融合管理单位准入分析

(1)公路设计类企业

公路设计类企业作为代建与监理融合管理单位,具有人才及技术优势,可优化设计方案,更好贯彻设计意图,对变更与遇到的技术问题有更多经验并能提供更好的技术支持;设计与项目管理衔接度更好,减少了索赔风险。

由设计企业承担代建与监理融合管理的角色,不仅会注重设计质量与功能,更有利于控制设计对工程造价的影响。懂设计的代建与监理融合管理人员长驻现场,通过设计交底和现场指导,施工管理中更有利于实现设计功能。同时,能根据现场开挖和地质揭示情况及时和设计人员沟通,进行优化、变更,快速、公正地处理设计问题。在实施阶段中推行限额设计,内行的管理人员能更好地和设计人员探讨和沟通,使设计方案不仅科学经济,同时还具有可操作性,从而保证了实施阶段工程概算不超过决策阶段的投资估算。

懂设计的代建与监理融合管理人员长驻现场,也有利于解决工程技术问题,项目管理人员具有丰富的设计、招标、现场服务工程经验,这些软实力均是设计单位顺利开展公路工程代建与监理融合管理的有力保障。

但是,作为设计企业,设计工作是其业务主项,在设计方案的优化、设计功能实现、解决工程技术问题方面具有较强的优势,而在施工阶段通常只参与工程设计变更方案的讨论和选定工作,很少涉及工程进度、投资和安全控制,而且部分勘察设计单位从业人员长期从事勘察测绘和施工图设计工作,缺乏现场施工经验,在工作中容易存在"技术情结",从而造成重技术手段轻管理方式的局面,特别是对现场施工方面的管理更是薄弱,这将导致勘察设计单位在开展代建制项目管理工作时对影响工程进度、投资和安全目标顺利实现的各种因素,难以提出具有前瞻性和预见性的解决方案,缺乏对项目的有效控制。

选择具有勘察设计或施工资质,同时具有监理资质的企业作为项目管理单位,此类企业拥有雄厚的资金、良好的项目运作及施工能力,可以很好地管理施工,保障工程质量。但是一旦上述企业成为监管单位,便不能再作为设计施工总承包方。作为代建与监理融合管理的企业,一般要求公路设计类企业应具有公路工程勘察设计乙级及以上资质。

(2)公路咨询类企业

公路咨询类企业一般具有独立的法人主体,工程咨询管理是其业务主项,拥有众多的经济、法律、技术及管理人才,一般具有完善的组织机构和规章制度以及一定数量的资金和必要的设施设备,其人员素质、技术水平、管理能力、业务经验,完全可以胜任建设工程项目管理工作。此外,还可利用现场技术经验优势与施工单位在技术层面上多方论证施工专项方案,积极协调业主单位调整施工专项方案,在一定程度上降低工期延误和成本超支的风险。而且相比设计单位,公路咨询类企业在工程现场管理方面的经验更丰富,处理现场问题更高效;相比施工企业,管理会更有前瞻性,更客观公正,也是理论上的较优选择。但公路咨询类企业中的行业人员组成复杂,高素质人才数量还有待进一步提高。

按照2017年11月6日国家发展和改革委员会第9号令发布的《工程咨询行业管理办法》规定,新咨信评级分为甲乙两类,并废除了原有的咨询资质;作为代建与监理融合管理单位,一般要求公路咨询类企业应具有工程咨询甲级及以上咨信等级。

(3)公路施工总承包类企业

公路施工总承包类企业作为代建与监理融合管理方,能促进项目设计与施工的紧密融合,将施工因素充分纳入设计文件中,充分体现施工部门降低成本、缩短工期等方面的技术知识,有利于减少后期的设计变更,减少工期延误;能够充分调动和利用总承包商内部或联合体之间的资源,最大限度地实现资源的有效配置,既减少业主承担的风险,又可以增加总承包商的利润空间;同时,能减少业主工作内容,减少由于设计、施工分别招标带来的费用损失,减少各项工作繁复程度。

作为代建与监理融合管理企业,一般要求公路施工总承包类企业应具有公路工程施工总承包一级及以上资质。

(4)公路监理类企业

公路监理类企业作为专业从事工程监理业务的经济组织,现场监理是其业务主项,其人员管理水平与业务经验,完全可以承担建设工程项目管理工作。同时其拥有大量的公路工程监理经历,管理人员熟悉工程建设流程,具有工程建设监理经验,并且不存在与设计施工承包单位冲突的问题。

但是,公路监理企业中的监理人员应该是道德品质优、专业技能高、能把握政策水平、实践经验丰富、交流沟通能力强、身体健康的复合型人才。但是由于传统监理项目待遇不高,造成一般工程监理企业的高素质人才流失。由于高素质的人才不足,很多监理项目都是照老规矩办事,没有条件也没能力充分发挥自身特色和优势让项目管理出彩。

作为代建与监理融合管理单位,一般要求公路监理类企业应具有公路工程监理乙级及以上资质。

总体而言,代建与监理融合管理单位的准入条件一般应是同一家企业(或上下级母子公司或绝对控股关系),并同时具备双资质(设计+监理、咨询+监理、施工+监理)。

3.5.3 代建与监理融合管理单位准入制门槛

根据以上分析,首先应确定什么类型或选择具有什么资质类别的法人机构来作委托管理人。按照国家目前可从事类似委托管理工作的法人机构,主要为管理咨询类公司,包括工程咨询公司、具有咨询资质的设计公司等,此外,还可以包括施工总承包类企业。根据政府投资委托管理工程当前的要求,无论哪类公司都须具有咨询或设计乙级或工程总承包一级及以上的资质(等级),且具有建设项目全过程管理的能力或业绩。如何选择委托管理人要结合政府投资项目的特点考虑,其特点是:以满足使用人的合理需求为目的;财政拨付或财政还款,无收益或少收益,投资和建设的风险相对小。

关于选择上述哪一类机构更适合委托管理工程,看法不同,争议也较大。在上述分析与委托代理理论研究中得出的结论是:一般应选择专业化咨询类公司作为委托管理人;然后从监管融合这个方面来看,委托管理的公司还必须具有公路工程监理资质(一般要求公路工程监理乙级及以上资质),这是保障公路工程代建与监理融合管理的基本要求。

双资质、母子公司、控股关系的企业,在工程管理中,能使指挥部与监理单位面对同一工程管理对象,同一目标,减少相互扯皮,两张皮的问题。同时,和传统模式相比,技术力量明显增强,可更好地服务工程;具有工程管理经验与能力的岗位增加,有利于提高工程现场管理工作质量。

(1)对代建与监理融合管理单位的基本要求

按照《公路建设项目代建管理办法》(交通运输部2015年第3号令)、《高速公路项目建设管理指南》(浙江省交通运输厅2015年1月)与《浙江省公路建设项目代建+监理管理暂行办法》(浙江省交通运输厅2018年1月)的相关规定,根据代建工作的工作内容与性质决定对代建与监理融合管理单位提出的基本要求,见表3.5。

代建与监理融合管理单位的基本要求 表3.5

总 体 要 求	具 体 内 容
1.具有独立企业法人资格,有满足公路工程项目建设需要的组织机构和质量、进度、计量支付、合同、安全、环境保护等方面的管理制度,并同时具备两项资质(资格等级)条件	公路工程勘察设计资质(勘察设计乙级及以上)或者公路工程施工总承包资质(公路工程施工总承包一级及以上)或者工程咨询咨信等级(工程咨询甲级及以上); 公路工程专业监理资质(乙级及以上)
2.有类似工程项目代建或监理业绩(近五年成功承担公路或市政工程的项目管理服务任务)	1.高速公路与高速公路新增互通:有相关项目管理服务任务2项; 2.普通国省道公路与航道:有相关项目管理服务任务1项; 3.地方道路(含市政道路)等线性工程:有相关项目管理服务任务1项

续上表

总 体 要 求	具 体 内 容
3.监管人员组成结构:工程技术管理人员应不少于专业技术人员总人数的65%,具有中、高级以上专业技术职称的人员应不少于工程技术管理人员总数的70%	1.高速公路与高速公路新增互通:在编专职从事工程技术、管理、经济等相关专业技术人员数量不少于30人; 2.普通国省道公路与航道:在编专职从事工程技术、管理、经济等相关专业技术人员数量不少于25人; 3.地方道路(含市政道路)等线性工程:在编专职从事工程技术、管理、经济等相关专业技术人员数量不少于20人

①"项目管理服务"业绩为类似工程的业主机构参与建设管理、代建、项目管理等业绩;

②具有直接管理和被管理关系的母子公司,或同一母公司的子公司,不得以任何方式对本项目进行双重或多重投标,但母公司的全资或控股子公司的相关项目业绩,均可作为母公司的业绩;

③仅允许具有直接管理和被管理关系的母子公司组成的联合体参加投标,不接受其他联合体方式投标;

说明:在代建与监理融合管理模式下,实施监管一体的业主替换为代建与监理融合管理单位,由一家企业统一开展公路工程监管工作是高效可行的。在联合体问题上只接受母子公司组合的情况,如接受其他联合体方式则可能回归到事实上代建与独立监理方式,从而影响工程建设的实施。

④项目业绩含在建项目业绩,证明材料以相关合同、业主证明文件为准。

要承担代建与监理双重合并管理工作,还需在满足代建与监理融合管理单位要求的基础上具有相应的监理能力,最直接的表现为持有相应的监理资质,如:

高速公路、一级公路必须持有交通运输部公路甲级监理资质;

独立大桥(或含有独立大桥的高速、一级公路项目)必须持有交通运输部特殊独立大桥监理资质;

特长隧道(或含有特长隧道的高速、一级公路项目)必须持有交通运输部特殊长隧道监理资质;

其他二级及以下普通公路工程必须持有交通运输部公路乙级监理资质;

机电工程项目必须持有交通运输部公路机电专项监理资质等。

(2)代建与监理融合管理单位监管人员要求

代建指挥部的指挥长、总工、总监应当在代建与监理融合管理单位工作3年以上，且具有10年以上的公路建设行业从业经验、公路工程系列高级以上专业技术职称，以及至少2个同类或更高层次的项目建设管理领导工作，具有丰富的工程项目管理经验。

代建指挥部的管理人员和现场技术人员应具有5年以上的公路建设行业从业经验、中级以上专业技术职称，从事过同类项目建设管理与监理工作。项目指挥长原则上不得兼任总监理工程师，相关监理人员资格需符合监理市场管理规定。

3.6 代建与监理融合管理服务费分析

《公路建设项目代建管理办法》（交通运输部2015年第3号令）第十二条规定，代建服务费应当根据代建工作内容、代建单位投入、项目特点及风险分担等因素合理约定。但是，并没有明确的服务费取值标准，下面就代建与监理融合管理服务费问题展开分析。

1）代建与监理融合管理服务费内涵

一般观点认为，代建与监理融合管理服务费的纯代建费部分基本等于建设单位管理费。其实不然，两者差异还是很大的。代建与监理融合管理单位是营利性组织，它的纯代建费应包括监管人员工资和福利等成本、企业管理费用与利润、税金、风险分担成本（成本转换率有待研究）、不可预见费或预备费等。而建设单位管理是非营利性行为，无税项、无利润及无风险承担成本等。从理论上看，纯代建费肯定应大于建设单位管理费；从实际情况看，已建项目指挥部的纯代建费均等于或大于概算的建设单位管理费，部分项目甚至超概算严重。

纯代建费与建设单位管理费比较分析见表3.6。

纯代建费与建设单位管理费比较分析　　　　　表3.6

项目	纯代建费	建设单位管理费	分析
办公行政管理性开支	办公费、会议费、差旅交通费、工具用具使用费、固定资产使用费、职工教育经费、零星购置费、技术图书资料费、招标代理管理费（不含招标文件编制等费用）、合同公证费、印花税等税费、业务招待费、竣工验收管理费等其他管理性开支	办公费、会议费、差旅交通费、工具用具使用费、固定资产使用费、职工教育经费、零星购置费、技术图书资料费、招标代理管理费（不含招标文件编制等费用）、合同公证费、印花税等税费、业务招待费、竣工验收管理费等其他管理性开支	费用类型与规模基本相同

续上表

项目	纯代建费	建设单位管理费	分析
管理人员工资福利	全体参与项目的管理人员的工资、施工现场津贴、强制保险、劳动保护、职工福利等收入	不在原单位发工资的工作人员的工资、施工现场津贴、强制性保险、劳动保护、职工福利等收入	代建与监理融合管理单位监管人员范围更大,管理风险更大,工资市场化水平较高
履约保函发生费用	以估(概)算总投资为基数,从5%至30%不等	无	建设单位主要负责常规行政管理
应付税项	企业营业税(增值税)、个人所得税等	个人所得税	建设单位主要负责常规行政管理
企业管理费与利润	有	无	代建与监理融合管理单位以盈利为目的
风险分担	承担项目投资超支、进度延误等所造成的经济风险	无质量保修责任;无须承担经济风险	代建与监理融合管理方分担的部分风险转换为管理费用

从表3.6可知,纯代建费与建设单位管理费有质的区别。

监理费即为概算的工程监理费,浙江省工程监理费基本采用招标方式确定,实际中标监理费用一般都小于概算批复的工程监理费。

所以,代建与监理融合管理服务费用由基本代建与监理融合管理费与节余提成组成。代建与监理融合管理模式的基本代建与监理融合管理费应包括:建设单位管理费、工程监理费、税金、利润、风险承担费、预备费等费用。与工程概算对应的具体费用细目是:建设单位管理费、工程监理费2项细目。

建设单位管理费应只是代建与监理融合管理服务费的一个组成部分。根据《公路工程基本建设项目概算预算编制办法》(JTG 3830—2018),交竣工试验检测费、跟踪审计费及招标文件编制及控制价编制费等费用是不含在建设单位管理费细目中的,如需纳入代建与监理融合管理服务费中支付,这些费用均应另外考虑。这一点容易被误解。

2)行业规定

根据《公路工程建设项目概算预算编制办法》的规定,建设单位管理费以定额建筑安装工程费为基数,按表3.7的费率,以累进制方法计算。

建设单位管理费费率表　　　　　　表3.7

定额建筑安装工程费(万元)	费率(%)	算例(万元)	
		定额建筑安装工程费	建设单位管理费
500及以下	4.858	500	500×4.858%=24.29
500~1000	3.813	1000	24.29+(1000-500)×3.813%=43.355
1000~5000	3.049	5000	43.355+(5000-1000)×3.049%=165.315
5000~10000	2.562	10000	165.315+(10000-5000)×2.562%=293.415
10000~30000	2.125	30000	293.415+(30000-10000)×2.125%=718.415
30000~50000	1.773	50000	718.415+(50000-30000)×1.773%=1073.015
50000~100000	1.312	100000	1073.015+(100000-50000)×1.312%=1729.015
10000~150000	1.057	150000	1729.015+(150000-100000)×1.057%=2257.515
150000~200000	0.826	200000	2257.515+(200000-150000)×0.826%=2670.515
200000~300000	0.595	300000	2670.515+(300000-200000)×0.595%=3265.515
300000~400000	0.498	400000	3265.515+(400000-300000)×0.498%=3763.515
400000~600000	0.450	600000	3763.515+(600000-400000)×0.450%=4663.515
600000~800000	0.400	800000	4663.515+(800000-600000)×0.400%=5463.515
800000~1000000	0.375	1000000	5463.515+(1000000-800000)×0.375%=6213.515
1000000以上	0.350	1200000	6213.515+(1200000-1000000)×0.350%=6913.515

建设单位管理费随着建安费的提高而下降,总体的取费标准是偏低的,很难满足代建与监理融合管理单位实际管理支出的需要。在市场经济条件下,代建与监理融合管理单位从事公路工程代建业务的主要目的是获取合理回报,并需要为取得的回报依法缴纳所得税。偏低的服务费无法正确体现代建与监理融合管理单位提供服务的价值,也不利于公路代建市场的科学规范与有序发展。

3)地方规定

(1)浙江省

按照2012年《浙江省政府投资项目代建制管理办法(试行)》第四十八条的规定,代建管理费计入项目建设成本,取代原建设单位管理费。计费原则应根据代建内容、代建责任和市场化代建特点,确定合理的取费基数和费率标准。但到目前为止,还没有出台相应的代建管理费的指导性标准。

第四十九条规定,特殊情况或特别复杂的代建项目需要提高代建管理费标准的,由使用单位提出,财政部门会同有关部门批准,增加的费用原则上在项目预备费中列支。

同时,对实行阶段代建的项目,规定了代建管理费原则上按前期工作阶段占30%,建设实施阶段占70%分割,具体分割比例和费用在《代建合同》中约定。

第五十一条规定,资金节余奖励从项目节余资金中开支。奖励资金按节余资金的10%～30%提取,最高奖励金额不超过200万元,具体金额在项目代建合同中约定,其他节余资金按原投资比例分配。

这就意味着,代建与监理融合管理单位的代建管理费并不完全等同于建设单位管理费,但两者之间有着重要的关联性,具体的取费基数和费率标准还没有一个明确的标准。

(2) 杭州市

按照2009年《杭州市政府投资项目代建制管理暂行办法》第二十四条规定,代建项目管理费计入项目初步设计概算,代建项目管理费的指导性标准另行制定。代建管理费一旦约定后,一般不做调整。如项目概算调整超过原批复概算10%,可按代建合同约定做相应调整。

第二十六条规定,项目建成经竣工验收、竣工决算经审核批准后,在决算投资比最终批准概算有节余的前提下,可将通过优化设计方案或施工方案(在不降低标准、工程内容和保证工程质量条件下)所节约建设资金的10%提取作为节约资金奖励,奖励资金从项目节余资金中开支,但最高奖励金额不超过200万元。其他节余资金按原投资比例分配,分别交财政部门及使用单位。

(3) 北京市

按照2004年《北京市公路项目代建制实施办法(试行)》第十三条的规定,公路建设项目代建制实行项目施工图预算管理,总投资以批准的施工图预算控制,代建单位需要承担材料价格变化的市场风险,代建单位独立享有批准预算中的建设单位管理费,项目的实际工程费用节余或超支在批复预算的±3%(含)以内,该节余或超支由代建单位独立享有或承担,如节余或超支的金额大于批复预算的3%,超过3%的部分由政府与代建单位按比例享有或承担。这意味着,代建单位通过提供公路代建服务取得的收入由以下两部分构成:①批准概算中的建设单位管理费;②工程节余。

(4) 深圳市

按照2005年《深圳市政府投资公路建设项目代建管理办法(试行)》的相关规定,①代建项目实行项目投资包干管理,项目包干额为经发改部门审批的初步设计概算下浮若干比例,代建单位承担投资超支风险;②工程代建服务费由代建基本管理费和节余分成两部分构成。这样,代建单位通过提供代建服务能否取得利润,取决于以下两个条件:①能否提供有效率的项目管理,在正常履行项目管理职责的同时有效控制建设单位管理费支出,以获取管理费降低的效益;②能否通过主观努力,在保证工程质量的前提下有效控制和降低建设成本,以获取建设成本降低的效益。

各地代建服务费用标准见表3.8。

地方代建服务费用标准　　　　　　　表3.8

省(市)名称	代建服务费用标准		财务支付方式
	基本代建项目管理费	投资结余提成	
财政部	〔2004〕300号文件规定,不高于建设单位管理费	—	通过代建单位支付
浙江省	代建项目管理费计入项目建设成本,以此取代原建设单位管理费。代建项目管理费的指导性标准另行制定	按结余资金的10%～30%提取,最高奖励金额不超过200万元	直接拨付各参建单位
浙江省杭州市	代建项目管理费计入项目初步设计概算,代建项目管理费的指导性标准另行制定	所节约建设资金的10%提取作为节约资金奖励,奖励资金从项目结余资金中开支,但最高奖励金额不超过200万元	直接拨付各参建单位
浙江省宁波市	以批准的初步设计概算为基数,按规定计算建设项目管理费,建设单位提取其中的10%,用于前期工作;代建单位管理费通过招标投标确定,但最高不能超过建设单位提取后的项目管理费余额	结余的30%作为奖励	直接拨付各参建单位
浙江省嘉兴市	代建项目管理费计入项目初步设计概算,以此取代原建设单位管理费	奖励资金按结余资金的10%～30%提取,但最高奖励金额不超过100万元	直接拨付各参建单位
北京市	按国家和北京市财政部门规定,前期代建为建管费的30%;建设实施代建为建管费的70%	不低于30%的政府投资节余作为奖励	通过代建单位支付
广东省	批准概算的2%(总投资2亿元以下)及1.5%(总投资超出2亿元部分)	不超过结余投资的10%	通过代建单位支付

续上表

省(市)名称	代建服务费用标准		财务支付方式
	基本代建项目管理费	投资结余提成	
贵州省	代建项目管理费从建设单位管理费中列支,建设单位管理费以项目批准的初步设计概算为基数	投资结余的30%	直接拨付各参建单位
重庆市	按重庆市财政局会同发改委印发《政府公益性项目建设管理代理费总额控制数费率暂行规定》执行,不做浮动,与代建范围、内容相匹配,实行分段计取	实行分段累进的计取原则,结余金额100万元以下的为10%,100万元至500万元的为8%,500万元至1000万元的为6%,1000万元以上的为4%	通过代建单位支付
海南省	取费标准以项目审批部门批准后的概算总投资中的建筑安装工程、设备费总额为基数,按1%~3%的费率计算,具体额度应当根据代建单位承担的工作量在招投标中确定	按财政部发布的《基本建设财务管理若干规定》(财建[2002]394号)的有关规定在合同中约定奖励额度	直接拨付各参建单位
辽宁省大连市	由市财政局比照基建财务制度规定的建设单位管理费标准编制,实际发生的代建管理费计入项目建设成本	其中一定比例的政府投资节余资金作为对代建单位的奖励(具体比例在市财政局批复代建管理费时一并明确)	直接拨付各参建单位

4)对获取工程成本节约额规定的分析评价

按照大部分地方政府(浙江各地、北京、广东等)出台的规定,代建单位通过提供公路代建服务取得的收入取决于列入项目概预算中的建设单位管理费和工程建设成本的包干节余分成,显然,这比国家的规定大大进了一步,但仍存在以下局限性:

①如果代建单位保证了工程质量,在合同约定的期限内完成了代建任务,建设成本也控制在合同约定范围之内,但没有取得建设成本的节余,这意味着代建单位取得的服务收入只有列入项目概预算中的建设单位管理费,这有可能低估了代建单位提供代建服务的市场价值。

②衡量工程节余的依据不一致。按照杭州市的规定,应当以批复的初步设计概算为依据;按照北京市的规定,应当以批准的施工图预算总额为依据;按照深圳市的规定,应当以批复的初步设计概算下浮一定比例后的金额为依据;按照浙江省的规定,没有明确工程节余的依据。正常情况下,初步设计概算和施工图预算之间应当保持概预算总额基本一致的关系;但在现行体制下,存在着影响施

工图预算明显偏离初步设计概算的多种因素,考虑到代建单位大部分是在初步设计获得政府部门批复后开始履行职责的,所以依据初步设计概算确认工程节余也许更符合现实要求。

5)省内部分已完工项目费用分析

根据收集的近五年已完工的 7 个项目(传统管理模式)两项费用组成情况分析,建设单位管理费 + 监理费的实际发生费用远超出了对应的批复概算费用,详见表 3.9。由表可知,实际发生的建设单位管理费 + 监理费这两项费用占比对应的批复概算费用的平均值为 160.20%,其中最大占比为 202.38%,最小占比为 122.35%;因此,按传统管理模式的监管费用远大于代建与监理融合管理模式下的对应费用。

近五年已完工项目费用统计 表 3.9

序号	项目名称	费用细目	批复概算费用(万元)	交工结算或竣工决算费用(万元)	实际发生的建设单位管理费+监理费占比对应批复概算费用
1	项目 A	建设单位管理费	217.63	402.12	—
		监理费	262.05	438.48	—
		建设单位管理费 + 监理费	479.68	840.6	175.24%
2	项目 B	建设单位管理费	342.48	366.3	—
		监理费	467.48	684.0	—
		建设单位管理费 + 监理费	809.96	1050.3	129.67%
3	项目 C	建设单位管理费	541.5	1177.59	—
		监理费	704.69	521.65	—
		建设单位管理费 + 监理费	1246.19	1699.24	136.35%
4	项目 D	建设单位管理费	216.71	445.74	—
		监理费	510.55	444.06	—
		建设单位管理费 + 监理费	727.26	889.8	122.35%
5	项目 E	建设单位管理费	145.79	449.86	—
		监理费	288.23	234.69	—
		建设单位管理费 + 监理费	434.02	684.55	157.72%
6	项目 F	建设单位管理费	150.43	550.37	—
		监理费	299.46	338.1	—
		建设单位管理费 + 监理费	449.89	888.47	197.49%

续上表

序号	项目名称	费用细目	批复概算费用（万元）	交工结算或竣工决算费用（万元）	实际发生的建设单位管理费+监理费占比对应批复概算费用
7	项目G	建设单位管理费	204.58	396.97	—
		监理费	192.83	407.3	—
		建设单位管理费+监理费	397.41	804.27	202.38%
平均值					160.20%

代建与监理融合管理单位完成代建与监理工作，获得代建与监理融合管理服务费，产生合理的利润，是代建与监理融合管理单位生存发展的基石。

6）代建与监理融合管理项目成本组成

进行公式计算前应开展试点项目成本组成分析，来评定试点项目基本代建+监理服务取费的合理性。

公路工程代建与监理融合管理，是指公路建设项目的项目法人委托专业化的项目管理单位承担项目建设管理、监理以及其他相关工作的建设管理模式，受委托的项目管理单位是具有法人资格的企业，企业需要营利以维持生存发展，项目管理单位通过对项目的管理收取管理费用获得经济利益，费用的收取可以根据项目的不同性质、内容及投资额，签订不同类型的费用合同，采取不同的计费方式，根据公路建设项目的项目特点，项目管理单位通过组建项目管理机构来实现对项目的运作，在对项目实施管理的过程中，项目管理单位及其各职能部门为组织和管理项目所发生的全部成本费用支出，主要包括人员报酬、设备投入消耗、管理成本、税金等，成本费用组成具体如下：

①驻地建设及标化费用：按照标化要求进行办公、生活驻地建房、租房、装修及办公、生活设施购置（折旧）费，水、电、物业等费用。

②交通设施费：现场管理使用的交通工具购置（折旧）费、牌照、年检、保险、维修保养、租赁费，交通工具消耗的燃油费等。

③试验检测费：试验测量设备购置（折旧）、维护、检定、租赁等费用及外委试验费用。

④日常办公、生活开支及福利费：日常办公设备的购置、维修保养费，宽带网络、邮电、通信、报刊书籍、印刷、文具、纸张等费用，生活设施购置及维护费，劳保用品（含服装）费，伙食费，体检费，高温补贴，差旅费，培训费，探亲交通费。

⑤人员工资：投入项目管理人员和辅助人员的工资、社保、公积金、意外险、

工会经费、职工教育经费等。

⑥其他费用:业务接待费、会务费、专家评审费、技术服务费、科研费、信息化费等,以及参与管理发生的其他经费。

⑦企业管理成本:年度企业管理成本按照在建项目合同总额进行比例分摊。

⑧税金:应按国家规定交纳的营业税、附加税、所得税等税费。

7)试点项目服务费分析

临安试点项目中标代建与监理融合管理服务费1797.9984万元,后续增加服务费约600万元,共约2398万元,批复概算的对应服务费部分为3090.56万元,中标代建与监理融合管理服务费占批复概算的对应服务费(即传统服务费)的77.6%;

湖州试点项目中标代建与监理融合管理服务费4271.6781万元,批复概算的对应服务费部分为5431.9891万元,中标代建与监理融合管理服务费占批复概算对应服务费(即传统服务费)的78.6%;

三门试点项目中标代建与监理融合管理服务费2403.3万元,对应批复概算的对应服务费部分为3005.0311万元,中标代建与监理融合管理服务费占批复概算对应服务费(即传统服务费)的80.0%;

三个试点项目的代建与监理融合管理服务费占批复概算的对应服务费(即传统服务费)部分的平均值为78.7%。从此数据看,三个试点项目比传统项目监管有约20%服务费节约,与按传统管理模式的省内7个项目的实际发生监管费用(建设单位管理费+监理费)远超出了对应的批复概算费用(平均值为160.17%)相比,具有显著的优势,并有利于服务费投入的总值控制。

8)取值建议

(1)代建与监理融合管理服务费用

综上所述,代建与监理融合管理模式的服务费用组成基本可归纳成两种方式,一种是总价包干法,即建设单位管理费+监理费一定范围内固定总价,增加工程量按同等比例增加;另一种是包干+节余提成法,即在建设单位管理费与监理费总值的一定范围内合同价+项目概算节余按提成奖励。

科学合理的代建与监理融合管理服务费应当能够保证代建与监理融合管理单位在完成代建合同约定的工程质量、建设工期、建设成本控制等基本任务的基础上,得到补偿服务费用并获得合理回报。这样,代建与监理融合管理服务费从内容上应当由两部分构成:建设单位管理费+监理费一定范围内合同价(基本代建与监理融合管理费)与合理回报(项目概算节余提成)。

为提升代建与监理融合管理水平及效益,建议在代建与监理融合管理合同中,尽量采用包干+节余提成法,即基本代建与监理融合管理费(建设单位管理费、监理费一定范围内合同价)+合理回报(项目概算节余提成)的管理方式。通过完成目标后的投资节余奖励,使代建与监理融合管理单位充分发挥主观能动性,敢于加大人员设备的投入,提升工作效率,提升代建机制的活力,促进代建与监理融合管理单位的可持续性发展。

基本代建与监理融合管理费(试点经验与权重计算相结合计算)+项目概算节余提成(分段计算)的方法控制,建议公式如下:

$$A = B + E \tag{3.1}$$

$$B = (M + S) \cdot R \tag{3.2}$$

$$R = \sum_{i=1}^{n} \frac{L_i \cdot W_i}{(M_i + S_i)} \tag{3.3}$$

$$W_i = \frac{P_i}{\sum_{i=1}^{n} P_i} \tag{3.4}$$

式中:A——代建与监理融合管理服务费;

B——基本代建与监理融合管理费;

E——节余提成;

R——服务费系数;

L——试点项目中标的代建与监理融合管理服务费;

M——批复概算中的建设单位管理费;

S——批复概算中的监理费;

i——试点项目;

n——试点项目总数(即样本总量);

W——权重;

P——试点项目每 km 代建与监理融合管理服务费。

在此公式中,n 的数值越大,则公式的取值越合理,因此,试点项目的数量越多越好。同时,建设单位管理费与监理费一般按费率计取。

根据式(3.3)与式(3.4),计算出三个试点项目的权重 $W_1 = 0.1608$、$W_2 = 0.279$、$W_3 = 0.5602$,综合三个试点项目得到的服务费系数 R 为 0.7922。

三个试点项目为普通国省道类公路,临安试点由 1 条一级公路与 2 条二级公路组成,湖州与三门试点均为一级公路,因此,计算所得服务费系数主要适用于普通国省道类公路。

根据以上分析,R 的取值建议为:

高速公路与高速公路新增互通:0.70~0.75;

普通国省道公路与航道:0.75~0.85;

地方道路(含市政道路)等线性工程:0.85以上。

由于试点数量样本偏少,还应在进一步开展新的公路工程代建与监理融合管理试点后优化 R 的取值。

如果取得了建设成本降低的效益,可以按照合同的约定取得项目概算节余提成,一般是固定的分成比例,意味着代建与监理融合管理单位提供代建服务取得的建设成本降低的效益,应当由项目法人和代建与监理融合管理单位分享。节余提成一般按照《浙江省政府投资项目代建制管理办法》(试行)的奖励资金按节余资金的10%~30%提取,最高奖励金额不超过200万元。

(2)收益分享应当与风险分担相统一

可以在代建合同中约定,如果建设成本节约由代建与监理融合管理单位独享,则超支的风险也由代建与监理融合管理单位独担;如建设成本节约由代建与监理融合管理单位与项目法人分享,则超支的风险也由代建与监理融合管理单位与项目法人分担,目前的一些公路代建项目的合同约定只规定了代建与监理融合管理单位享有建设成本降低部分提成的权利,以及缩短了建设工期,保证了建设工程质量应当获得的奖励,没有具体明确出现了建设责任风险由谁承担的问题。本书在表3.3中提出了主要风险的分担方案,明确了不同风险因素的分担方,当双方共担建设责任风险时,应由项目法人承担第一责任,代建与监理融合管理单位承担主要责任。

(3)投资节余提成应当体现建设成本降低的要求

可以在代建合同中约定,采用招标控制造价的概念,并将其作为衡量建设成本节约与否的判断依据,由于招标控制造价一般低于工程初步设计概算,意味着降低建设成本属于公路代建本应达到的目标,只有在此基础上,代建与监理融合管理单位才有权利根据进一步的建设成本降低额取得节余提成收入。这样,代建与监理融合管理单位可根据实际建设成本低于初步设计概算的部分,取得相应的节余提成收入。

综上,代建与监理融合管理服务费组成与计算公式建议按"基本代建与监理融合管理服务费(试点经验与权重计算相结合计算) + 项目概算节余提成(分段计算)"的方法控制,具体计算公式见式(3.1)~式(3.4),并提出了服务费系数计算参数;其他需要纳入代建与监理融合管理模式的费用均可另行单独考虑。

(4)工程奖罚措施

代建与监理融合管理单位在全面完成合同约定的项目质量、安全、进度、造价、信用评价、环保等方面的管理任务及目标后,项目工期控制在计划工期内,交工评定合格,竣工综合评定得分优秀,决算建安费控制良好,无重大安全事故及责任事故的,项目法人将对代建与监理融合管理单位给予奖励,但不超过决算预算建安费的节余。

若有下列情况:代建与监理融合管理单位未按合同约定进行工程招标工作,出现其所属或参股企业参加工程投标的;代建与监理融合管理单位违反合知识产权保护规定,或者与设计、施工等其他单位串通、合谋采取不正当手段提高工程造价谋取非法利益的;代建与监理融合管理单位未按投标文件承诺或未经项目法人批准擅自更换派驻主要管理人员的;代建与监理融合管理单位采取任何形式以本项目工程名义对外进行融资的;因非项目法人或不可抗力原因未按合同约定期限完成监管工作,代建与监理融合管理单位进度计划完成不达标,或在项目监管过程中应该预见到可能造成工期延误或工程质量问题的情况而没有预见到,或预见到了但采取的处理方法不当,造成不良后果的,应扣除一定比例的违约金(质量风险金等)。

(5)关于代建与监理融合管理服务费支付方式问题

按浙江省目前试点的相关合同条款,代建与监理融合管理服务费的支付程序类似监理费的支付,不利于代建与监理融合管理单位免受相关法人的干扰,建议将其明确简单化,采用普通商务合同的支付方式,按规定的时间节点日期直接开票,在当地交通主管部门或质监部门的监督下支付。

第4章 代建与监理融合管理模式的实施与保障

4.1 实施方案

代建与监理融合管理模式,是由代建与监理融合管理单位承担代建与监理职责,精简管理人员,优化管理流程,开展项目部分建设管理和全部监理工作的公路项目建设管理模式。

借深入交通运输体制改革的东风,为进一步提高浙江省交通建设管理水平,切实加强公路建设安全和质量,培养一批稳定的、专业化管理队伍,推进公路建设管理体制改革及创新发展,是非常必要和迫切的。

代建与监理融合管理期间,代建与监理融合管理单位按照合同约定代行项目建设投资主体职责,是项目建设管理现场的唯一管理者,在权限范围内,根据法律、法规和行业规范的要求,按照自身管理制度和经验独立完成工程管理工作。代建与监理融合管理单位虽然实施具体管理,但受项目法人的监督制约,受代理权限的限制,如工程变更、工作质量与标准、工程投资等受到项目法人的严格监督。

制定代建与监理融合管理模式管理实施方案的目的是将建设单位与使用单位分离、决策权与执行权分离,其实质是通过建设工程的专业化管理,提高建设项目的建设管理水平和投资效益。

实施方案内容具体分为招投标管理、项目前期准备、项目建设期管理、项目收尾管理四个阶段。

4.1.1 招投标管理阶段

招标单位在具备招标条件下,由代建指挥部协助组织人员编写招标申请并报交通运输主管部门审批。招标申请批复后,成立专门招标机构,由招标领导小组、招标工作人员(包括代建与监理融合管理单位代表)组成。

代建指挥部配合招标单位组织投标的单位对工地现场及周围的经济、地理、地址、交通状况、材料供应等情况进行考察,以此为投标人报价提供支撑与依据,一旦报价确定，投标人无权因现场考察不周、情况了解不细而提出补偿或调价。

在现场考察后，以正式会议的形式，由招标机构对投标人关于招标文件内容的问题进行现场解答，并在会后由代建指挥部将问题与解答形成会议纪要发送给邀请招标单位，作为招标文件的补充。

代建指挥部协助招标机构对标书的递交情况进行登记管理，投标截止后即不再接受标书，并请公证人公证并向全体投标人通报标书递交情况。

招标人在招标文件规定的时间举行公开的开标仪式。代建指挥部组织人员根据招标文件对标书的符合性进行检查，现场公布检查结果并接受有关单位的质询。

代建指挥部组织评标委员会对所有投标单位的标书按照招标文件与评标规则对标书进行打分，将评标结果报主管部门审批后，进行社会公示。

4.1.2 项目前期准备阶段

1）熟悉有关规范、规程、文件和所辖路段现场情况

代建指挥部必须组织全体监管人员熟悉工程施工合同文件、技术规范、施工设计图纸及有关工程技术标准、规范、规程和测试方法、工程施工控制等有关数据，对存在的问题提出书面意见；熟悉《项目管理手册》、各项监管流程、熟悉《工地建设标准》《规范化施工标准》及《质量控制要点》。在开工前，各级监管人员特别是现场监管人员应对所辖施工路段进行充分了解，熟悉现场施工条件和各种情况，包括原始基准点、基准的数据，并对承包人的施工定线放样进行检查验收。

2）对承包人的开工准备工作进行检查

（1）对清单工程量进行核查、分解并进行工程编号

开工前，代建指挥部督促各承包人对各自合同段按要求划分单位工程、分部工程、分项工程并对清单工程量进行核查、分解和进行工程编号，按程序要求报工程监管部，工程监管部应组织有关人员，结合设计图纸和所辖项目工程的具体情况进行审核，经批准后作为计量支付的基础资料。

（2）审批承包人的施工组织设计

合同部审查施工组织设计，其在保证工程质量和工期方面是否有可靠的技术措施和组织保证措施；审查承包人对施工安排是否合理，对后续施工是否做了合理考虑；检查承包人的工程进度计划安排是否满足总工期的要求；审查承包人的总体布局与施工具体工艺方法是否合理；审查承包人的资金周转及使用计划，安全生产措施和安全事故急救预案是否合理有效。

(3)审查承包人管理体系

代建指挥部审查承包人是否建立了技术管理体系、质量管理体系、质量保证体系、环保及安全防范体系;审查技术管理、质量管理、质量保证、环保及安全防范的管理组织机构;审查各项相应的管理制度;审查各种专业人员和特种作业人员的资格证、上岗证是否齐全等。

(4)检查承包人的测试设备、复核测量放样成果

现场监管人员检查各种测试设备是否齐全和标定的情况;复核并批准测量放样成果;检查各基准点的保护情况和措施。在各项工程开工前,对承包人的施工测量控制网复核、审批。

(5)检查承包人的试验室与材料试验

工程监管部检查各试验设备是否齐全和标定情况;检查各项试验制度的制定情况;检查试验项目的涵盖情况和要求标准;检查试验人员的资质构成及数量;对承包人的各类材料试验进行检查。

3)施工许可等手续的办理

(1)质量监督办理

在项目施工图设计文件批复、施工单位进场、项目开工各项准备工作完成后,由合同部协助项目法人按有关规定申请办理工程质量监督。

(2)安全监督办理

在项目施工图设计文件批复,参建单位管理机构、管理体系、相关管理制度及开工各项准备工作完成后,由安全环保部协助项目法人按有关规定申请办理工程安全监督。

(3)施工许可办理

在项目施工图设计文件批复,施工和监理单位确定,建设用地批复,工程质量、安全监督手续办理,项目建设资金落实及项目管理制度制定后,由合同部协助项目法人按有关规定向行业主管部门申请办理工程施工许可。

4)会议及交底

(1)组织第一次工地会议

在参建单位进场后,工程正式开工前,由代建指挥部组织召开第一次工地会议。

(2)组织交桩和设计技术交底

交桩:在施工单位进场后,由合同部尽快组织设计单位、工程监管部、施工单位对控制测量桩、路线控制桩及必要的标志桩等进行交接,并督促开展复测工作。

设计技术交底:在工程施工前,由合同部按以下要求组织召开设计技术交底会议。

①参加人员包括设计单位项目负责人、设计代表,工程监管部总监及各专业监理工程师,施工单位项目经理、技术负责人、各分项专业负责人等;

②项目设计负责人对项目概况、设计意图、设计标准和要点、材料和工艺的要求、施工中应特别注意的事项,以及施工安全、环保工作的要求等进行交底,并对施工图设计文件的问题或疑点进行澄清;

③设计技术交底会议应形成书面会议记录并印发。

(3)质量安全监督交底

在办理完成工程质量监督和安全监督手续后、在工程施工前,由工程质量安全监督管理机构进行监督交底。交底会由代建指挥部组织,代建指挥部负责人及职能部门相关人员,设计负责人及现场设计代表,施工单位的项目经理、技术负责人、各分项专业负责人等参加会议。

4.1.3 项目建设期管理阶段

1)合同管理

合同管理是指从合同文本的确定、合同谈判到最终达成协议签署合同文件,并伴随着工程进程发生的工程变更管理、索赔与反索赔活动的全过程。

合同管理工作由合同部与工程监管部共同完成,工程监管部负责工程变更管理、索赔管理,合同部负责合同具体签订、履行、管理存档等事宜。

工程监管部受理工程变更申报,审查工程变更的理由、必要性、方案和技术条件等要件,对符合条件的申请及时进行审查、确认;工程监管部会同合同部进行索赔管理工作、合同及相关文件归档管理工作。合同文本及相关资料同属重要法律文件,签订之后应及时建账并妥善保存。合同部委派持有造价工程师资质的专人负责。要加快合同管理信息化步伐,及时应用先进管理手段,改善合同管理条件,不断提高管理水平。

(1)工程变更管理

①工程变更程序。工程变更包括由施工单位发起和由建设单位发起两种情况。

由施工单位提出工程变更意向(必须书面申报),应阐述变更理由,说明变更主要内容及对工程进度、外观、质量、费用的影响;同时应附拟变更工程的图纸、计算资料和变更的工程量估价清单等附件。变更意向函件由施工单位报工程监管部。工程监管部进行初步核查,不同意的工程变更应做出书面说明,并将书面意见送达施工单位。如需施工单位按代建指挥部、设计、施工三方会议纪要的要求出具变更设计图纸的,由施工单位在规定时间内完成并报送工程监管部。变更设计图纸经总监签发后,施工单位应及时进行正式工程变更申报,申报资料包括工程变更申请单、变更工程量清单、三方会议纪要、变更设计图或现场量测图、原始数据记录、工程量计算资料、单价分析表等;重点部位、隐蔽工程的工程变更,必须提供相关的施工照片或录像资料。工程变更数量应由工程监管部在施工结束后现场核实。重点部位、隐蔽工程的变更由施工单位提供施工照片或录像资料。经工程监管部、总监逐级审核工程变更申报资料并签署意见后,送交代建指挥部工程处,经技术合同处复审并形成审查意见,报代建指挥部指挥长办公会议审定。按省交通运输厅和项目工程变更审批权限的相关规定,经代建指挥部逐级审核并签批的工程变更,由总监下达工程变更令。

由建设单位提出的工程变更通过代建指挥部下发变更图纸,按工程变更程序处理。

②工程变更会议纪要。变更会议纪要必须在各方人员现场察看核对的基础上,充分对照设计图纸和合同文件的要求,表述理由充分,事实清楚。在纪要中必须说明变更项目的桩号、部位、范围、原设计、现场核查情况、变更的理由和依据的合同条款、变更数量的增减情况(按对应工程量清单项目、序号),对于形成工程变更纪要后不需出具变更设计图的情况,必须附有现场量测的草图和原始数据记录。现场各方代表除在纪要上签名外,还应在草图和原始记录上签字确认。会议纪要应按工程变更顺序号进行编号,由工程监管部进行注明。

③签发工程变更图纸。工程变更项目的图纸均由设计代表根据变更会议纪要的要求及时出具,变更项目设计图由代建指挥部工程监管部拟文经指挥长签发后转发总监处理。

④工程变更申报和审批。形成工程变更会议纪要并签发工程变更图纸后,施工单位即可进行申报工程变更,申报资料的内容由总监确定,但必须包括三方会议纪要、变更设计图或现场量测草图、原始数据记录、相关的现场照片或录像资料、工程量计算资料、估价清单等;申报资料经工程监管部审核后报代建指挥部合同部审查,形成审查意见后报指挥长办公会讨论,指挥长办公会在审议后上报项目法人审定。

⑤下达工程变更令。按照工程变更审批权限的相关规定,经指挥长办公会审核或项目法人审定的工程变更,由总监下达工程变更令。

工程变更审批流程见图4.1。

第4章 代建与监理融合管理模式的实施与保障

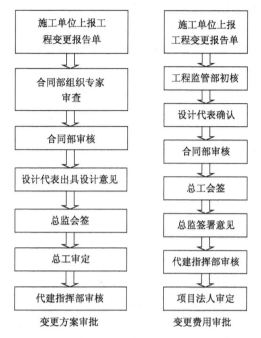

图4.1 工程变更审批流程

（2）索赔管理

公路建设进程中的索赔通常有：工程延误索赔、工程变更索赔、合同被迫中止索赔、加速施工索赔、意外风险索赔、汇率索赔、物价索赔等。引起索赔的原因通常有代建指挥部违约、合同缺陷、施工条件发生变化、工程变更、监理工程师不适当的指令、第三方干扰等。工程索赔流程见图4.2。

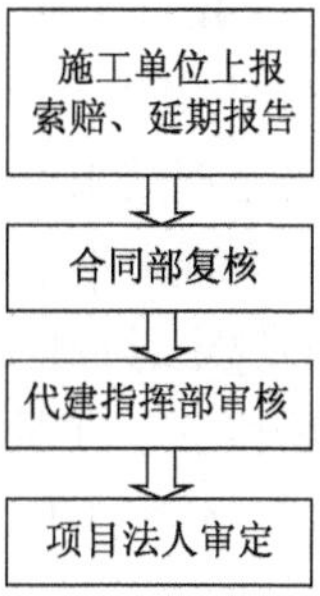

反索赔工作一般通过冲账、扣减工程款、扣回保证金的措施来实现，索赔管理工作必须依照索赔程序进行。

①施工单位索赔。根据合同约定，施工单位认为有权得到追加付款和（或）延长工期的，应按以下程序向代建指挥部提出索赔：

a. 施工单位应在知道或应当知道索赔事件发生后28天内，向工程监管部递交索赔意向通知书，并说明发生索赔事件的事由。施工单位未在前述28天内发出索赔意向通知书的，丧失要求追加付款和（或）延长工期的权利；

图4.2 工程索赔流程

b. 施工单位应在发出索赔意向通知书后28天内，向工程监管部正式递交索赔通知书。索赔通知书应详细说明索赔理由以及要求追加的付款金额和（或）

87

延长的工期,并附必要的记录和证明材料;

c. 索赔事件具有连续影响的,施工单位应按每7天时间间隔继续递交延续索赔通知,说明连续影响的实际情况和记录,列出累计的追加付款金额和(或)工期延长天数;

d. 在索赔事件影响结束后的28天内,施工单位应向工程监管部递交最终索赔通知书,说明最终要求索赔的追加付款金额和(或)延长的工期,并附必要的记录和证明材料;

e. 必要的记录和证明材料包括:工程项目开工报告及进度计划,施工日记。具体形式有:来往文件和信函等、会议纪要和备忘录、投标报价时的基础资料、技术规范和工程图纸、工程报告及工程照片、监理工程师的指令、发票及票据、工资表等。

施工日记的内容包括:每天工地的水位、风力、是否下雨、雨量大小、气温高低、暴风雪等情况;每天出勤的人数、所使用的机械设备情况;施工检查员的检查记录;每天的工程进度、工程质量、安全等情况;进行了多少试验工作;监理工程师检查情况;外来人员参观施工现场情况;每天完工验收记录;有无施工事故及特殊情况发生;有无不利的自然条件和人工障碍;施工材料使用记录;施工图纸收发记录;施工效率降低记录;是否出现索赔事件记录等。

②索赔处理程序。

a. 工程监管部收到施工单位提交的索赔通知书后,应及时审查索赔通知书的内容、查验施工单位的记录和证明材料,必要时工程监管部可要求施工单位提交全部原始记录副本。

b. 工程监管部应按合同条款规定商定或确定追加的付款和(或)延长的工期,并在收到上述索赔通知书或有关索赔的进一步证明材料后的42天内,将索赔处理结果逐级报总监、代建指挥部,代建指挥部按基建程序报上级主管部门,经审查批准后答复施工单位。如果施工单位提出的索赔要求未能遵守合同相关的规定,则施工单位只限于索赔由工程监管部按当时记录予以核实的那部分款额和(或)工期延长天数。

c. 施工单位接受索赔处理结果的,代建指挥部应在作出索赔处理结果答复后的28天内完成赔付。施工单位不接受索赔处理结果的,按合同相关条款的约定办理。

③提出索赔的期限。施工单位按合同条款约定接受了竣工付款证书后,应被认为已无权再提出在合同工程接收证书颁发前所发生的任何索赔。施工单位按合同约定提交的最终结清申请单中,只限于提出工程接收证书颁发后发生的

索赔。提出索赔的期限自接受最终结清证书时终止。

④反索赔。发生索赔事件后,工程监管部应及时书面通知施工单位,详细说明代建指挥部有权得到的索赔金额和(或)延长缺陷责任期的细节和依据。代建指挥部提出索赔的期限和要求与索赔的约定相同,延长缺陷责任期的通知应在缺陷责任期届满前发出。工程监管部按合同条款相关约定商定或确定代建指挥部从施工单位处得到赔付的金额和(或)缺陷责任期的延长期。施工单位应付给代建指挥部的金额可从拟支付给施工单位的合同价款中扣除,或由施工单位以其他方式支付给代建指挥部。

2)工程费用管理

工程费用管理是工程项目建设监管的主要目标之一,费用管理的目的(即工程造价)是在不影响工程质量、进度、安全操作的前提下,保证每笔支付都公正合理。费用管理的关键是在工程项目实施前认真仔细地分析工程项目清单费用构成,制定工程费用管理目标;以组织、经济、技术与合同的措施,以计量、支付的手段合理地加以控制,以保证工程建设项目建设资金使用管理目标的实现。

(1)费用管理工作

①根据代建指挥部的要求制定费用管理总目标并结合工程项目实际情况对总目标进行分解,在施工全过程中严格控制各分目标,以保证总体目标的实现;

②严格执行本办法规定的计量支付程序;

③在日常管理过程中,严格执行合同条款、技术规范和工程量清单;

④采取有效的措施控制费用。

(2)费用管理措施

①组织措施。要求施工单位的组织机构设置合理,管理线路通畅,做到职责分明,操作程序流畅;保证项目管理工作的高效、有力;编制阶段投资控制工作计划和详细的工作流程图,并保证计划周密、科学合理,以减少不必要的浪费。

②经济措施。编制资金使用计划,确定、分解投资控制目标;进行合理准确的工程计量;在施工过程中进行投资跟踪监管,定期分析投资支出值与计划目标值发生的偏差;并分析导致偏差的各种因素,采取积极有效的措施加以控制,以避免发生偏差;认真做好工程施工过程中的投资支出分析与预测。

③技术措施。对设计变更进行技术经济分析,严格控制设计变更规模、数量;通过设计寻找节约投资的可能性;认真审核施工单位编制的施工组织计划,对主要施工方案进行技术经济分析。

④合同措施。做好工程施工记录,保存各种文件图纸,注意积累费用控制信

息,为正确处理可能发生的索赔提供依据;参与合同修改、补充工作,着重考虑它对投资控制的影响。工程计量是根据合同文件的有关规定,对施工单位实际完成的质量合格的工程数量进行准确核定。

(3)工程计量及支付

工程计量原则、依据、条件、办法、资料等,依据项目合同条款及交通运输部、省交通运输厅及项目法人等有关规定执行。

①计量方式

当分项工程进行到一定程度,形成工程量清单中所列项目形式的产品,并符合技术规范规定的质量要求时,工程监管部组织进行中间计量工作。中间计量采取工程监管部与施工单位共同计量的方法。

②计量支付程序

a.计量申请与签认。对于已签发中间交工证书的工程项目(或部位),施工单位提出工程量计量申请后,由双方商定具体时间,施工单位应做好有关计量的准备工作,包括计量工程部位的图纸和其他有关资料,以及计量时所需的仪器设备。由工程监管部与施工单位委派的负责计量工作的人员组成一个计量小组,按通知的时间到现场进行计量,填写计量的记录及有关资料并共同签认。

b.填写中间计量证书。合同部合同管理工程师根据现场计量的工程量记录及有关资料填写中间计量证书,经总监理工程师签认后,作为中期付款的依据。

经总监审核后并出具和签发中期付款证书,报代建指挥部审定批准并支付工程款项。

工程计量和付款证书的审签实行网络传递办理,施工单位通过项目管理系统进行网上申请计量支付,经总监和代建指挥部通过项目管理系统进行计量支付的审核工作。计量和付款证书完成审核流程后,工程监管部及时打印出一式三份的工程计量和付款证书,签字盖章后留存一份,同时报送总监、代建指挥部和送达施工单位各一份。

c.中间计量审批权限及期限。工程计量工作主要由合同部负责,合同部应本着严谨、科学的态度审查工程量计量,做到不漏、不重、不超、不少。合同部在接到施工单位工程计量申请资料后,应在7天内完成工程量计量资料的审查及批复工作,代建指挥部收到总监开具的中期付款证书后,应在7天内完成计量支付的核准工作。

工程计量、支付与确认审批流程见图4.3。

第4章　代建与监理融合管理模式的实施与保障

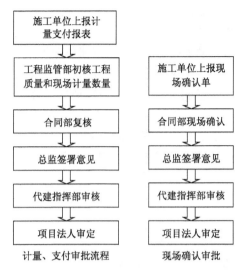

图4.3　工程计量、支付与确认审批流程

(4) 工程结清

①施工单位提交工程最终结清申请(即最终财务报告及结算清单)。施工单位只有完成下述工作,才具备提交最终支付申请的条件。

a. 全部遗留工程或缺陷工程均已完成且达到合同的要求,并获得总监签发的工程缺陷责任终止证书;

b. 有关合同方面的遗留事宜(如:费用索赔、工程变更、价格调整、中期支付中有争议而未解决的问题等)均已与代建指挥部协商取得一致,并按合同规定办理了有关手续;

c. 竣工图及有关的竣工资料已按合同规定全部完成,并得到总监的签认;

d. 对合同工期内所有支付的款项进行了全面清理,对所需的支付凭证进行了必要的补充与完善;

e. 已通过代建指挥部上级主管部门审核和审计单位审计。

若不具备上述条件,总监有权拒绝受理施工单位的工程结清申请。

②工程最终结清申请书。施工单位报送的工程最终结清申请书应由以下文件组成:

a. 正文(申请工程最终结清证书的总说明),主要阐明申请工程最终结清的合同依据,费用计算原则,认为按照合同最终应付的款项,以及考虑代建指挥部以前所付的款额及代建指挥部或施工单位各自责任对支付额的影响后,代建指挥部还应付给施工单位或施工单位还要退还代建指挥部的金额。

91

b. 工程结算清单，对应正文中涉及的各种款额，由汇总表及一系列清单、表格组成（格式及式样由合同部提供）。

c. 工程最终结算证明资料，对应最终结算清单中汇总表及清单、表格中的款额，由相应的图纸、计算资料及附图、有关文件、票据等组成。

③合同部审查施工单位提交的工程结清申请书。合同部主要审查以下三个方面：工程结算清单必须齐全、完整，相互关系清晰；证明资料须有监理工程师的签字认可；工程量计量与支付均没有遗漏、重复，且计算准确，汇总无误。

④代建指挥部审定工程结清证书。代建指挥部收到总监签发的工程最终结清证书后，经审核确认无异议，则应在合同规定的时间内依据最终结清证书的结果向施工单位付款或扣款。

3）工程进度管理

为使公路建设进度得到有效控制，使工程建设全面、有序、均衡地进行，确保优质按期完成建设任务，尽快发挥投资效益，根据工程项目总工期的要求，代建指挥部需加强对项目施工计划的管理，主要分进度管理和延期管理。

(1) 进度管理工作

①制定工程进度计划。工程施工进度计划包括：总体进度计划、年度进度计划、月度进度计划、分项工程进度计划、关键工程进度计划等。

a. 施工单位按照工程项目建设工期要求制定工程总体进度计划与年度进度计划，并绘制相应的网络计划图与主要工作横道图，并报送工程监管部审核、总监审批；

b. 月度进度计划由施工单位根据工程监管部下达的阶段进度计划分解至具体部位、桩号，于前一个月23日前报送至工程监管部审核；

c. 分项工程开工前，施工单位应根据工程监管部制定的单位、分部、分项工程划分办法和工程编号办法，对工程进行单位、分部、分项划分，经总监审批并发布执行，分项工程是工程开工的最小申请单元。分项工程进度计划由施工单位根据工程进度计划，在每个新的分项工程开工前7天递交开工申请，由合同段工程监管部审批。

②审批与检查工程进度。工程监管部接到施工单位报送的工程进度计划后，认真审查施工进度计划中的各项内容，认为施工单位报送的工程进度计划可行、可靠、合理后，由总监予以批复。工程监管部审查的主要内容是：

a. 施工总工期的安排应符合合同工期的要求；

b. 各施工阶段或单位工程（包括分部、分项工程）的施工顺序和时间安排，应与相关材料和设备的进场计划相协调；

c. 雨季工程施工安排合理,有预防和保护措施;

d. 就工程施工动员、清场、假日、农忙及天气对工程进度的影响有充分的考虑,并留有充分的余地;

e. 使施工单位的设备和人力资源的实际情况与各阶段或单位工程计划完成的工程量及投资相适应;

f. 协调安排关键工程与非关键工程施工力量。

各合同段现场监管部按照工程进度计划进行阶段性检查考核,参加各专项工作检查,按单位工程、分项工程或工点进行检查并记录,以便随时对工程进度进行分析和评价,掌握影响和妨碍工程进度的不利因素,促进工程施工按计划顺利进行。

施工单位每月月底统计实际完成工程数量,并对工程进度计划执行情况进行分析,编制工程进度月报,并于当月月底报送工程监管部审核。工程进度月报的内容包括:工程项目内容、合同总工程量、本月完成工程量、项目开工以来累计完成工程量、本年度累计完成工程量等情况。

③调整工程进度计划。工程监管部督促施工单位对每项工程的施工进度随时检查,发现工程实际进度滞后于工程计划进度时,要立即分析原因,研究制订调整措施,采取增加施工人员、增加施工机械、加强组织管理、延长工作时间等措施加快工程进度。调整工程进度应注意的事项有:

a. 若增加机械,应将增加机械计划(包括型号、数量、性能等)报工程监管部审核、总监审批;

b. 若延长工作时间,应向总监编报质量保证措施,并经其批准;

c. 路基填土、路面施工等重要工程不得在夜间施工。

工程施工计划审批见图4.4。

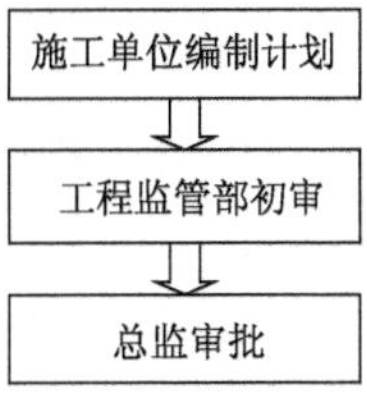

施工单位编制计划
⇓
工程监管部初审
⇓
总监审批

图4.4 工程施工计划审批

(2)工程延期管理

当施工单位的施工实际进度滞后于工程计划进度时,合同段工程监管部负责调查滞后的原因。属于施工单位自身原因的,应要求施工单位采取积极的措施加快工程进度,并在月计划中追赶上滞后的进度;属于非施工单位原因的,一方面要将情况报告总监及代建指挥部负责人,另一方要向代建指挥部和施工单位提出解决问题的建议。

当由于施工单位自身原因导致工期滞后时,施工单位应采取措施加快工程进度,并承担加快进度所增加的费用。如果施工单位在接到工程监管部要求调整工程进度通知14天内,未采取加快工程进度的措施,致使实际工程进度进一步滞后,或施工单位虽采取了一些措施,仍无法按预计工期交工时,由工程监管部应立即向总监报告,并由总监向代建指挥部报告。代建指挥部向施工单位发出书面警告通知14天后,建设单位可按合同相关条款终止对施工单位的雇用,也可将本合同工程中的一部分工作交由其他施工单位或其他分包人完成。在不解除本合同规定的施工单位的责任和义务的同时,施工单位应承担因此所增加的一切费用。

4) 工程质量管理

公路建设项目开工后,应建立代建指挥部对工程质量全面负责、施工单位进行具体保证的二级质量保证体系。代建指挥部主要负责编制质量计划,管理项目建设全过程的工程质量,制定落实管理办法,控制参加施工的人员与进场设备、材料,组织研讨关键工程实施方案等;施工单位要根据自身的情况及施工项目工程的实际情况建立自己的质量管理体系,制定切实可行的质量管理办法及操作规程,做好工程项目的自检、互检及交接检。

(1) 质量管理程序

工程质量管理工作包括开工前组织设计单位移交控制点和设计交底与会审图纸、审批开工申请、开工后检查与验收分项工程等。

按照工程质量管理流程,总监下达开工令后,施工单位做好开工准备。在每个分项工程开工前,施工单位要完成工序质量自检,并提交分项工程开工申请报告,报经所属合同段监管部审批,经验收合格后开始施工。

分项工程完工后,施工单位在进行工程质量自检后向所属合同段监管部提起检查验收申请,经监理工程师验收合格后,由总监签字确认该分项工程完成。

施工单位在完成所有工程项目后,编制交工文件,提交交工申请报告,由工程监管部组织初验检查,提供交工检查报告、监理工作报告、监理档案文件,最终由代建指挥部或上级主管部门组织交工验收。

(2) 质量管理措施

①监理工程师现场监督与检查。每个分项工程施工前,所有拟在工程中采用的材料、设备和施工工艺必须经监理工程师审查、签认。

②工作程序化。开工前认真做好分项工程开工审批,加强对施工管理人员、材料、机械的核实,做好技术质量交底"三件事";施工过程中采取加强现场检测和检查监督,奖优罚劣"两项措施",对原材料质量、施工工艺进行严格控制;完工后严格进行检验签证把关,凡是质量、资料不符合要求的工程一律不予签证,实行"一票否决",确保每一个分项工程"质量优、资料全、外观美"。

③首件工程认可制。施工单位开始工程实体施工前,应在首件工程经检验

认可以后，方可将相应的施工工艺及修改意见报监理工程师审批，并把被认可的首件工程作为检验以后工程质量的标准。

④施工人员的工作连续性。施工单位的主要技术人员及技术工人不得随意更换。施工单位应选择有施工经验的劳务人员，对其进行必要的施工组织管理和质量管理知识考核，详细掌握其施工经历、业绩、信用等情况，确保投入项目的人员能满足工程需要，并保证其相对固定。对施工质量差，不服从管理，多次教育或返工、经违约金处理仍不能保证工程质量的劳务人员，监理工程师有权要求施工单位限期取消其施工资格。

⑤技术交底制度。代建指挥部组织设计单位对监理及施工人员进行技术交底，施工单位也必须对基层施工人员进行技术质量交底，将控制高程、平面位置、几何尺寸、材料要求、配合比、施工工艺等技术质量规定，向现场质量管理员、试验检测人员、机驾人员及劳务人员当面交代清楚，明确责任。

⑥质量一票否决制。施工过程中，现场质量管理员要对施工全过程进行监控，严格控制材料质量，严禁使用不合格材料；严格控制施工工艺，对不符合要求的操作工艺立即进行纠正。监理人员加强对施工过程的控制，勤检查、多旁站，对主要工序和工程的关键部位要跟班监理，加大对砌体工程的破坏性检查力度。只要发现问题，无论覆盖多深、多厚，必须进行彻底返工，直至达到要求为止。

⑦自检及抽检制。施工单位的试验检测人员，必须按照规定的试验检测项目和频率进行取样试验和现场检测，及时提供试验检测结果，对工程质量及时确认，为下步工作提供依据。监理人员按照不少于施工单位检测频率的20%进行取样试验和现场检测，并对施工单位的试验资料进行检查，验证施工单位的检测结果，当试验检测结果不符合规范时，按规定进行返工或采取补救措施。无论返工还是补救，均须进行重新检测，直到符合要求为止。

⑧工程质量定期检查制。代建指挥部的稽查人员对工程质量进行不间断的稽查，发现问题及时按照规定进行处理。另外，代建指挥部定期组织人员对工程质量进行全面检查，处理工程质量问题，确保公路建设项目工程质量优良。

⑨工程质量奖优罚劣制。代建指挥部的工程管理人员，任何时候发现工程质量问题，均可按照规定开具《工程违约处理通知单》予以处理。工程质量违约金应按照检查人员对质量问题责任的认定，分别由有关责任人承担。施工单位的管理人员应承担相应的责任，不能把工程质量违约金全部转嫁给派出劳务单位。代建指挥部进行工程质量检查时，如认定监理人员具有责任，同样按照规定对监理人员给予违约处理。对管理有力，工程质量优良，工程外观美，质量保证资料完整齐全、规范的施工管理人员和监理人员将给予表彰和奖励。

(3)质量管理程序

按照工程质量管理程序,公路建设工程质量管理工作的重点是:工程开工准备工作、开工申请审查、各分部分项工程管理、试验检测管理等。

①开工准备与审查

为了全面了解工程特点和设计意图,工程关键部位的质量标准,减少图纸的差错,排除施工的质量隐患,代建指挥部在开工前组织设计、施工单位进行设计交底,并进行图纸会审;审查施工单位的开工申请。

a.施工技术交底

施工技术交底是施工单位一项重要技术管理。在分项工程或重要工序开始施工前,由施工单位项目总工程师主持、所属合同段监管部人员参加的分项工程或重要工序技术交底会向施工人员进行技术交底。其目的是使参与施工的技术人员、管理人员和操作人员熟悉和了解所进行的施工工程的特点、设计意图、技术要求、施工工艺和应注意的问题。

b.审查开工申请

分部分项工程开工前,施工单位须将准备工作情况(即开工申请报告)报所属监管部审核批准,经批准的分项分部工程才准许开始施工。

审查开工申请的主要内容是:工地试验室仪器与试验人员配备及临时资质的审批情况;施工单位质量自检系统及质量保证措施;进场材料的质量、规格、数量情况;施工组织机构及主要人员的配备情况;施工方案、方法、工艺流程;施工设备的配备(数量、规格、性能)等情况。

②分部分项工程管理

a.分项工程监管流程

通过对分项工程开工审批、工序质量检查认可、施工过程检查控制、现场工程质量检查、中间交工证书签认等主要程序的严格把关,有效进行工程质量控制,实现工程质量优良的目标。

施工单位在分项工程开工之前,向所属合同段监管部填报《分项工程开工申请批复单》,同时向监管部提供放样测量、标准试验报告、施工设计图等基础资料,以及施工方案、施工计划、技术质量控制指标及其控制措施,材料、设备、施工人员及工地现场质量管理人员的安排情况。监理工程师进行现场复测核对,确认无误后,由监理工程师签发《分项工程开工申请批复单》,施工单位即可进行分项工程施工。

在施工过程中,施工单位要自觉按规范施工,发现质量问题立即进行纠正。监理人员要坚持全过程巡视、检查,对主要工程和关键工程部位要进行全过程旁站监理;按规定进行取样试验、检测,发现质量问题及时要求施工单位进行处理;对于已覆盖的工程质量问题必须进行彻底返工处理;对影响工程质量的关键问题,监理工程师应签发整改指令,要求施工单位进行整改。代建指挥部质量稽查办法规定,对施工过程进行质量检查控制,发现问题严格按照稽查办法有关规定进行处理。代建指挥部、总监、施工单位各负其责,对施工过程的工程质量严格检查监控,把工程质量隐患消灭在萌芽状态,确保工程建设质量。

当某一工序、某一部分或整个分项工程完成后,施工单位向所属合同段监管部填报《工程质量检验申请批复单》。监理工程师适时到达现场进行复测检查验收,确认各项质量指标(包括外观质量)均符合要求后,给予签认。未经监理工程师检验签证的,不得进行下步工序施工。

施工单位根据监理工程师签认的《工程质量检验批复单》,向所属合同段监管部填报中间交工证书。现场监理工程师首先检查各项表格和附件资料是否齐全准确;再检查各项质量指标及计算评定方法、结果是否符合规定,确认无误后给予签字确认。中间交工证书未经监理工程师签认,不得进行与本分项工程相关的下一工序施工;监理工程师不准签认未经检查已被覆盖的任何工程的中间交工证书。

b. 分项工程质量控制

施工单位应对开工的分项工程进行施工定线和施工放样,并将结果报工程监管部复查,经总监批准后,施工单位才可以进行分项工程的施工。施工单位应于当日或次日向工程监管部提交工程放样和施工测量记录,当工程监管部发现测量和放样有问题时,施工单位应返工复测。

在工程质量检查方面,施工单位应在每道工序施工开始前 24 小时将检验计划报送所属合同段监管部,以便监管部安排每道工序的施工质量检查工作。每道工序施工完成以后,施工单位应安排自检,若自检不合格,自行返工或补救;自检合格,则应填写相关工程质量检验报表报送监管部监理工程师检查。施工单位应按照工序质量要求进行自检,经自检合格的报所属合同段监管部检验。

工程监管按照旁站监理、工程所用材料和试验设备的检验、现场测量与施工质量的抽样检验等方法进行工程质量检查。

施工单位依照《公路工程质量监理旁站项目表》所列须旁站监理的项目在施工前 12 小时通知所属合同段监管部,监理工程师应适时到位进行旁站监理工作;在项目实施过程中,可根据工程实际情况进行增加或减少旁站监理项目。

对于所有用于工程的材料,施工单位需填写工程材料报审表报送监理工程师,监理工程师根据合同的技术规格进行检验,合格的材料和设备才可投入工程项目建设使用。

现场测量包括几何尺寸、高程、平面位置、位移等项目测量。现场测量成果需报工程监管部审核。

抽样检验由施工单位对关键工序完成的质量按规范规定的频率进行检验，并将检验结果报所属合同段现场监管部。

③试验检测管理

为保证工程质量，依据工程建设技术标准、规范、规程，对公路工程所用材料、构件、工程制品、工程实体的质量和技术指标等进行试验检测，包括工地临时试验室(以下简称工地试验室)的试验检测、现场专项检测、外委试验和竣(交)工质量检测等。

a. 试验检测工作

代建指挥部成立中心试验室，施工单位成立工地试验室，并向中心试验室申请试验检测能力核定，开展现场检测试验工作。第三方检测机构接受检测委托时，其检测行为应纳入代建指挥部的统一管理。第三方检测对中心试验室、施工单位试验室起到质量检测监督的作用。施工单位经标准试验及验证试验自检合格后，应报送代建指挥部中心试验室；代建指挥部中心试验室在规定时间内进行审批及平行试验，合格后予以批复。

工地试验室只承担工程实施过程中的现场常规试验检测，对一些试验条件要求高、技术难度大的试验检测项目，须委托具备相应资质且经中心试验室同意的检测机构承担。中心试验室是项目试验检测管理的职能部门，负责试验检测日常监督和管理工作。

b. 管理工作

公路试验检测的管理工作，按合同条款及属地的工地临时试验室管理办法及其他有关规定执行，控制检测试验的频率，确保检测资料的真实性，为项目质量管理提供正确的指导。

c. 工程交竣工质量检测

公路工程竣(交)工验收前的质量检测由地方交通工程质量监督站组织进行。必要时质量监督站可委托符合条件的检测机构承担检测工作。

检测机构受质量监督站委托承担竣(交)工质量检测任务时，不得将检测任务再委托给其他检测机构。

建设单位应根据质量监督站的委托，与承担本项目竣(交)工质量检测的检测机构分别签订检测合同。检测合同应报质量监督站备案。

工程质量事故与缺陷处理，按合同条款及国家有关质量事故分类、分级及处理流程执行。

5）安全生产管理

（1）安全生产管理体系与职责

代建指挥部成立以代建指挥部指挥长为组长，总监（副指挥）为副组长，各部室负责人为组员的安全生产管理领导小组，总监指派专职安全工程师负责具体安全生产日常监督管理工作。

施工单位是施工合同段安全的责任主体，施工单位成立相应的安全生产管理领导小组，项目经理是安全生产的第一责任人，必须指派专职安全员（符合合同要求的人员、人数）负责具体工作。

①代建指挥部安全生产管理职责

代建指挥部负责宣传、贯彻和落实与安全生产有关的法律、法规，转发上级交通运输主管部门的有关安全生产的要求和通知，推广安全生产工作的典型经验和做法；按照有关规定开展安全生产检查活动，对发现的安全隐患，及时书面指令整改，并督促施工单位整改到位，情况严重的要及时上报建设单位和上级交通主管部门；开展"安全生产月""安全生产万里行""安全生产科技周""创建平安工地"等活动；建立、落实安全生产责任制度，与各参建单位签订安全生产合同并层层签订安全生产责任书；审核施工单位安全生产专项施工方案及应急预案，核验施工单位特种机械设备的验收手续并作为开工报告审批的前提条件；负责核查施工单位安全生产专项费用的使用计划及使用情况；建立安全生产管理台账，专职安全监理人员应及时填写监理月报、监理日记，并做好安全事故处理档案记录；建立健全项目安全生产检查制度，通过日常巡查、定期和不定期等检查组织进行安全生产专项检查，并做好安全事故处理档案记录及定期填报安全生产事故统计报表，发现问题跟踪整改落实；抓好协调推进工作，着重做好"三个结合"：一是安全执法与安全治理相结合，二是"三项行动"（执法行动、治理行动、宣传行动）与"三项建设"（安全生产法制体制机制、保障能力和监管监察队伍建设）相结合，三是"三项行动"与安全生产日常工作相结合。

②施工单位安全生产管理职责

施工单位宣传贯彻有关安全生产方面的法律、法规及规范性文件，及时传达上级安全生产文件，组织各施工作业队人员进行安全生产教育及岗位培训并进行层层安全交底；建立安全生产责任制，层层签订安全生产责任书，负责编制安全施工专项方案及应急预案并组织演练，制订临时用电方案、危险源告知制度，安全生产专项资金使用管理等制度；依据国家法律、法规和本项目制订的各项安全管理制度，经常进行安全专项自查，发现问题及时整改到位；认真落实防火、防爆、防尘、防静电、防寒风大潮、防冰雪灾害、防冻裂泄漏,以及交通运输安全防范等各项措施,切实消除事故隐患;特种作业人员必须持证上岗,特种设备应按规定及时检验、检测并达标;现场应设置危险源告示牌、安全责任牌、操作要点、安全警示等标志;一旦出现安全事故应及时上报代建指挥部及其他各有关交通运输主管部门;配合好上级有关部门的各种关于安全生产的检查活动;及时建立安全生产检查台账及安全事故处理档案;负责办理本合同段所有现场施工作业人员意外伤害保险。

(2)安全管理内容

①事前控制。对项目开工前的安全进行管控;施工单位应在熟悉图纸和施工现场情况后,有针对性地编制《施工安全技术措施》,通过其内部审核后填报《施工安全技术措施审批表》,经总监审批后执行。《施工安全技术措施》应符合工程特点以及所处的施工环境情况,内容应包括项目安全生产目标、项目安全管理组织架构、项目安全生产责任制、工伤事故应急处理方案、安全施工管理制度、施工现场和宿舍及食堂的安全实施细则,其中必须包括保证安全生产的安全技术措施和预防职业病的技术措施、施工现场安全标志平面图和现场排水平面图。工程监管部对全体管理人员进行安全教育。强调施工现场安全管理制度。施工单位对项目的安全生产工作负有全面的管理责任,代建指挥部与施工单位签订《安全生产管理协议书》,并指定工程监管部专职安全员配合施工单位管理安全生产工作。工程监管部负责监督施工单位的安全生产和文明施工,对施工单位发出安全施工整改指令,提出处罚施工单位建议。

②事中控制。事中控制包含安全巡检、安全联合检查、安全月度例会、安全专项方案报审等内容,同时代建指挥部每季度对本项目进行全程安全生产、文明施工检查和评比工作。事中控制的主要内容具体如下:工程监管部组织施工单位相关负责人每周定期对施工现场的安全生产状况进行巡检,在周工作例会上对项目安全情况进行总结和布置。工程监管部应对检查发现的安全隐患及安全问题向施工单位发放《施工安全隐患整改通知书》,责令其限期整改,并抄报代建指挥部,由工程监管部负责跟踪施工单位的安全整改落实情况。施工单位存在安全隐患或安全问题情节特别严重的,工程监管部应及时发出《停工令》,勒令施工单位停工整顿,工期不予顺延。《停工令》由总监签发。整改完成后,施工单位应及时将《施工安全隐患整改报告书》报工程监管部、总监申请复查;如因情节特别严重被勒令停工的,还应申报《复工申请表》,经复查合格后方可复工。安全联合检查由工程监管部每周定期组织,所有施工单位的施工负责人和相关人员必须参加,检查内容包括安全生产管理资料和现场安全生产状况等。

检查过程中，每位参检人员应填写安全施工检查记录，所有存在的隐患由工程监管部汇总形成记录，并发送给所有相关施工单位，同时抄报总监、代建指挥部。

安全月度例会由工程监管部组织施工单位每月定期召开一次，会议内容包括工程监管部、施工单位对月度安全生产状况进行自评，剖析当月安全管理的不足之处及改进办法；安全监理工程师综述安全联合检查及复查的情况，并对各单位的安全管控情况进行月度评价。工程监管部根据会议内容整理会议纪要，发送给与会各施工单位，并抄报代建指挥部。对达到一定规模的危险性较大的分部分项工程，施工单位应当编制专项施工方案，并附具安全验算结果，危险性较大的工程主要包括基坑支护与降水工程、土方开挖工程、模板工程、起重吊装工程、脚手架工程、拆除工程、爆破工程、国务院建设行政主管部门或其他有关部门规定的其他危险性较大的工程；专项施工方案编制内容主要包括：编制依据、工程概况、作业条件、人员组成及职责、具体施工方法、受力计算和要求、安全技术措施、环境保护措施等。施工单位应当根据代建指挥部提供的施工现场及毗邻区域内的供水、排水、供电、供气、供热、通信、广播电视等地上、地下管线资料，气象和水文观测资料，毗邻建筑物和构筑物、地下工程的有关资料制定现场周边管线设施保护方案，并按方案组织施工。代建指挥部在工程开工前以及工程施工过程中，不定期地组织工程监管部就施工单位结合工程实际情况和施工组织设计中的安全技术措施，提出阶段性的安全隐患控制重点。对于危险性较大的专项施工方案以及根据工程监管部提出的安全隐患控制重点编制的工程安全专项方案，由施工单位技术人员编写，并经施工单位技术负责人进行审查，最后以《安全专项方案审批表》的形式报总监和代建指挥部审核后执行。各分项工程施工单位进场后，代建指挥部协同总监督促其制定与之相关的安全专项方案，并由工程监管部跟踪落实。所有危险性较大分部分项工程以及代建指挥部和总监确定的其他重要隐患工程必须在安全专项方案制定并通过审核后方可施工，否则将对所施工项目勒令停工整顿，待手续补齐后再开始施工，耽误工期不予顺延。对于涉及深基坑、地下暗挖工程等专项施工方案，应按《危险性较大分部分项工程安全管理办法》由施工单位组织专家进行论证、审查，并将专家意见报送代建指挥部审查批准，才能组织施工。

③事后控制。安全事故一旦发生，代建指挥部应立即督促施工单位按照政府相关制度、法规的规定，采取应急救援措施，并逐级上报、处理，避免伤亡扩大或造成较大负面影响，同时向上级报告事故情况。发生突发安全事件后，施工单位应采取紧急救援措施，抢救伤员、排除险情、防止事故蔓延扩大，做好标识，保

护好现场,按交通运输部办公厅《关于印发公路水运工程质量和安全事故有关统计报表制度的通知》(厅质监发[2008]140号)及时填写《交通建设工程安全生产事故快报》,并于1小时内向事故发生地县级以上人民政府安全生产监督管理部门和建设单位报告。工程监管部接到报告后应立即将发生事故的时间、地点、事故单位名称以及事故造成的伤亡人数、直接经济损失、事故原因等情况,及时向总监、代建指挥部报告,并填写《交通建设工程安全生产事故快报》,同时立即赶赴事故现场协助事故单位进行事故处理。建设单位在接到突发安全事故报告后会在2小时内向省交通工程质量监督管理局(省交通工程管理中心)及省交通运输厅及报告,同时填报《交通建设工程安全生产事故快报》。情况紧急时,事故现场有关人员可以直接向事故发生地县级以上人民政府安全生产监督管理部门报告。事故发生后,按"四不放过"原则(事故原因未查清不放过;责任人员未处理不放过;整改措施未落实不放过;有关人员未受教育不放过),查明事故发生原因、人员伤亡、经济损失情况;确定事故责任者报主管部门处理。车辆、水上交通事故,由事发地交警、海事(港监)部门处理。

6)环保管理

工程环保方案审批流程一般为:施工单位提交环保方案后,由安全环保部进行初审,再由总监进行审核,报代建指挥部指挥长办公会议审定。

安全环保部定期组织检查环境保护方案落实和整改情况,当出现环境破坏的苗头和隐患时,及时制止并纠正,情节严重者下达停工令;定期召开安全环保会议,组织安全环保检查,对施工单位开展环保教育、环保管理等培训及班前活动;定期向总监报告工程安全环保执行情况、可能会出现的工程安全环保等状况;对环保资料进行整理、存档、移交,并向总监提交工程安全环保执行情况报告。

4.1.4 项目收尾管理阶段

工程项目收尾阶段先由施工单位向代建指挥部进行工程项目交工,交工验收通过后,由代建指挥部签发工程项目交工证书,此时工程项目进入缺陷责任期,代建指挥部进行相应的检查工作。经规定时间的试运营后,代建指挥部向项目法人汇报工程是否达到竣工验收要求,再由项目法人按照项目管理权限及时向交通主管部门申请验收。

1)交工验收管理

当工程项目满足初验条件时,在施工单位自检合格后进行初验、交工验收、签发交工证书等工作。

(1)工程初验

①初验条件。工程项目在满足下列条件时,施工单位即可向工程监管部表达申请工程项目交工的意向:

a. 施工单位拟申请交工的工程已经基本完成,剩余工程收尾工作量很少,且在缺陷责任期内完成这些工程时,不影响完工工程的正常使用及施工安全;

b. 工程监管部按照《公路工程质量检验评定标准 第一册 土建工程》(JTG F80/1—2017)的要求基本完成分项工程质量检查和评定,并由总监签发分项工程交工证书;

c. 已由相应资质的工程质量检测部门检验合格。

②初验检查内容。工程初验由工程监管部负责组织。工程监管部在认为上述条件基本具备时,在收到施工单位提出工程项目交工验收申请意向书7天内组织施工单位、监理工程师按下列要求进行检查。检查内容包括:逐项检查拟申请交工的工程项目是否按合同要求已全部完成;分项工程质量检验评定的结果是否符合规范要求;工程监管部在各种场合以不同形式向施工单位指出的各类质量问题是否得到妥善解;各项技术、质量管理和合同管理程序及手续是否齐全、完备;是否有未处理的重大技术、质量遗留问题;施工单位申请交工的工程现场是否已进行全面清理(包括临时用地和材料堆放场、弃土场、取土场等),是否得到当地及环保等政府部门认可;施工单位是否按合同规定完成或基本完成有关的工程交工资料,文件的编制是否满足归档要求。

③初验报告。初验检查工作结束后,由工程监管部完成编写工程项目初验报告,初验报告主要包括以下内容:工程总体情况及初验概述;现场存在的有关问题;工程质量评定结果;与工程质量检验评定表相对应的工程项目初验检查、检测记录表;初验检查结论。

如果工程监管部认为上述交工验收条件尚不具备,则由工程监管部书面通知施工单位抓紧时间完成,直至全面具备交工验收条件后,施工单位提出交工验收申请报告。

(2)交工验收

①申请交工验收。工程项目通过初验后,施工单位就可以按合同规定向工程监管部提交正式的工程项目交工验收申请报告,在收到交工验收申请报告后,工程监管部负责组织启动工程项目的交通验收工作,整个交工验收在收到申请交工验收报告之日起7天内完成。

②组建验收小组及主要工作。代建指挥部根据交工验收的内容,组织成立交工验收小组。交工验收小组的组成包括:交通主管机关,交通质量监督单位,

代建指挥部、监理单位、建养单位、施工单位。

交工验收小组的主要工作包括：审议、审查、审定初验、初评结论；外观质量抽查，完成工程缺陷及剩余工程情况统计及描述；内在质量抽查（现场检测并填写相应的工程施工现场检查、检测记录表），主要项目是：完成桥梁总体实测项目、涵洞实测项目，路基、路面工程实测项目，浆砌工程、浆砌排水沟实测项目以及标志、标线、波形护栏、隔离栅等实测项目（房建、机电工程参照行业有关规定执行）；交工文件、资料检查，提交资料审查意见；进行交工质量等级评定、确定验收结果、完成验收会议纪要；完成合同段工程交工验收评估报告。

由验收小组组长负责组织进行交工验收检查，代建指挥部、施工单位必须全面配合验收小组的工作。代建指挥部和施工单位必须将有关拟交工验收工程的全部技术资料和相关的工程管理的资料（例如各分项工程开工申请、质量验收、计量支付、工程变更等）整理成册备查，并将已完成的竣工资料交验收小组检查。验收小组完成交工验收的有关检查工作后，最后由代建指挥部完成验收会议纪要和评估报告，再由代建指挥长签发。

③签发交工证书。工程项目交工证书是施工单位办理交工计量和交工支付的必要条件，如果经交工验收小组检查认为工程质量合格，工程监管部应在此项验收工作完毕后14天内由总监向施工单位签发工程项目交工证书，证书中应写明按合同规定本合同工程的交工日期（即施工单位最后一次提交交工申请报告的日期）。工程项目交工证书的汇编、整理工作由工程监管部完成，交工证书经工程监管部审查，经办公会同意后，再由总监签发。

合同段工程交工证书必须包括以下内容：封面；目录；合同段工程交工证书；交工验收会议纪要；施工单位交工申请报告；施工单位及监理工作总结；分项工程质量检验评定资料；归还用地、用房及场地清理认可的证明文件；缺陷责任期剩余工作实施计划及施工单位联系方式。

④例外事项的处理。经交工检验认为工程质量虽合格，同意验收，但某些工程因影响使用尚需整修和完善，且不同于缺陷责任期内的缺陷修复，则缓发合同段交工证书，限期施工单位整修，待整修和完善工作完成后，再发给合同段工程交工证书；经交工验收认为个别工程项目质量达不到合格标准，则工程监管部应根据交工验收小组的意见，在交工验收工作完成后7天内向施工单位发出指令：要求施工单位对不合格工程进行返工重做或补救处理。施工单位在完成上述不合格工程的返工与补救工作后，应重新提出交工验收申请，经交工验收小组复验认为达到合格标准后才发给合同段交工证书。施工单位自工程交工证书签发日期的次日起不再负责照管已交工的工程，交工工程项目进入缺陷责任期。对于

机电、交通安全设施等小型工程项目验收也应参照上述程序执行。

2）工程项目缺陷责任期管理

工程项目自交工之日（签发交工验收证书日期）起，即进入工程项目缺陷责任期。

（1）缺陷责任期检查的工作

工程监管部在收到施工单位工程项目缺陷责任期终止申请报告后，配合总监成立工程项目缺陷责任期终止验收工作小组。工作小组的主要工作有：审查施工单位工程项目缺陷责任终止证书申请报告；对工程项目进行最终整体检查，并侧重缺陷责任期工作内容的检查和对桥梁、涵洞等重要构造物裂纹做出详细调查，调查工作结束后由工程监管部提交缺陷调查情况报告并拟定处理方案。

调查报告主要由以下内容组成：工程的缺陷项目及位置；工程缺陷情况的描述；工程缺陷原因的分析；工程缺陷责任的划分；工程缺陷修复方案。

（2）工程缺陷修复的方式

①由工程监管部签发工程缺陷整治通知单。由于施工单位施工不当所造成的缺陷，则由施工单位按批准的处理方案在合适的时限内进行修复，费用由施工单位承担，同时应书面告知施工单位，若不执行通知要求所产生的一切后果由其承担。

②施工单位在收到工程缺陷整治通知单后应在缺陷整治通知单规定的时间内上报缺陷修复工程进度计划安排，组织足够的人力、机械设备进场施工，并按规定的时间完成。

③施工单位未在规定的时间内安排进行缺陷工程修复，则工程监管部有权另行安排其他的施工单位进场，发生的费用将从原施工单位工程保留金中扣支；若不属于原施工单位的责任，则工程监管部可以安排原施工单位（或其他施工单位）进行工程缺陷修复施工，并支付相应的工程费用。

④工程缺陷修复完成后应由相关施工单位填写工程缺陷验收单，工程监管部组织验收。

（3）签发缺陷责任终止证书的程序

①缺陷责任终止申请。工程项目缺陷责任期即将结束之前，施工单位应事先进行合同范围内工程缺陷的检查，如发现有因施工单位施工质量问题引起的缺陷，应自费进行修复。施工单位在确认没有工程质量缺陷并完成全部剩余工作后，及时书面向工程监管部提出缺陷责任期终止申请报告，报告附件中包括工程缺陷修复一览表、剩余工程完成情况一览表以及合同段工程交工证书、合同段工程交工验收评估报告文件。

②检查结果评估。在收到施工单位缺陷责任期终止申请报告后,工作小组在3天内按上述要求正式开展检查,并完成上述的有关工作。工作小组完成工作后,要提交缺陷责任期终止报告及工程缺陷修复扣款一览表。

工程项目缺陷责任期终止评估报告的主要由以下内容组成:现场工程情况概述;对现场检查的结果进行评议;工作小组对施工单位工程项目缺陷责任期全部工作的评议;工作小组的检查结论。

③检查发现施工现场仍存在施工缺陷影响工程项目缺陷责任期终止,则工作小组应签发工程项目缺陷责任延期通知单。待缺陷工程全部修复完成后,由施工单位重新提出工程项目缺陷修复验收申请。

④签发缺陷责任终止证书。缺陷责任终止证书由相关施工单位填写,经代建指挥部工程监管部审查,代建指挥部指挥长批准签发。

3)竣工验收管理

(1)竣工验收的条件

①各合同段工程已经过交工验收,工程质量评定均为合格以上;

②对未完工程或交工验收时提出的修复、补救工程已处理完毕,并经代建指挥部和质量监督部门检验合格;

③按基本建设项目档案资料管理规定的要求,已编制完成全部竣工文件;

④工程建设项目已通过环保、水保等相关部门的验收;

⑤按规定编制好竣工结算,各单位已编写完成总结汇报材料。

(2)竣工验收实施

当建设项目工程全部交工并通过项目交工验收合格后,代建指挥部工程监管部应汇总合同段工程的交工验收报告,向上级主管部门提出竣工验收的申请。竣工验收由交通运输部或批准工程初步设计文件的地方交通运输主管部门主持,由建设、质监、设计、管养、水利、环保等有关部门代表组成竣工验收委员会,按交通运输部《公路工程竣(交)工验收办法实施细则》(交公路发〔2010〕65号)的规定进行验收。竣工验收的目的是对建设项目的管理、设计、施工、监理等方面作出综合评价,形成公路工程竣工验收鉴定书。施工单位应按代建指挥部的要求完成施工总结,并参加竣工验收会议。

4.2 保障措施

代建与监理融合管理单位除派驻相应成员成立代建指挥部外,还应针对代建与监理融合管理模式制定具体保障措施,保障措施主要包括:政策、组织、技术、资金、宣传、考评、党风廉政等方面。

1)政策保障措施

(1)行业政策保障。公路工程代建与监理融合管理模式存在法律障碍,由于要对建设单位管理费和工程监理费统筹包干使用,存在统筹包干使用后的开支和核算问题。针对有些试点措施突破现有法律、法规、规章的问题,浙江省交通运输厅专门成立了浙江省公路水运工程"代建+监理"试点工作推进小组,合力推进该项工作,试点方案按照法定程序报请浙江省发改委批复同意以招标方式选择代建与监理融合管理单位。改革试点做到了于法有据,在依法得到授权后再试点。

(2)把好门槛关。交通运输厅主要从代建与监理融合管理试点工作汇报、代建与监理融合管理试点项目阶段性成果调研报告、试点工作方案等方面把好门槛关。交通运输厅专家委员会批复同意试点工作方案;批复同意代建指挥部组织机构设置、各部门工作职责及人员配置、主要监管人员资格要求、项目质量安全管理体系、工程质量巡查要点、监管旁站工序或工程部位、试验检测和测量抽检频率等;并加强实施过程中的指导督察总结。

(3)土地征迁与政策处理保障。项目法人配合地方人民政府和有关部门完成征地拆迁工作,代建指挥部依据合同协助项目业主完成征地拆迁工作。代建指挥部还应编制报送工程项目建设用地征用计划,完成工程项目征地、拆迁任务;编制工程项目建设期间损坏地方道路的补偿标准、核算补偿费用,确定补偿方式。

2)组织保障措施

实行代建与监理融合管理模式,可以突出发挥专业化、社会化的优势,组建代建与监理融合管理团队,可以充分发挥咨询监理、设计、施工单位专业优势,解决传统模式下建设单位技术力量薄弱、建设管理经验不足等缺点,更好地实现项目总体控制,提高项目建设效益。代建与监理融合管理单位组建技术咨询专家团队,对项目上的技术难点进行过程咨询,现场解决施工单位提出的一些技术难题。技术咨询专家团队对项目现场情况进行实时关注,在现场管理和技术上遇到难以决策的问题时,能在第一时间给出咨询意见,保障了重大决策实效性和方向性。

代建与监理融合管理单位召集精干力量组织专业团队,发挥咨询技术支持,对关键性施工难点和控制重点提供技术咨询,对重大技术工作进行指导,提出对策、建议和意见。根据项目需要,代建与监理融合管理单位充分利用母公司技术资源为建设项目重大设计变更的评审、优化以及重大技术问题研究等提供技术经济方面的支撑;充分利用母公司咨询、设计团队优势,对设计方案的合理性进行咨询,对设计图纸提出合理的优化建议,节约工程造价。

3)技术保障措施

(1)管理实施方案

根据改革试点目标和项目建设特点,制定改革试点管理实施方案,包括质量管理、合同管理、计量支付、进度管理、安全生产、环保管理等各项管理办法和措施,覆盖了管理(监理)工作的全部内容,修改后的管理制度合理简化了建设管理和工程监理相重叠的工作内容和工作程序。

(2)项目现场管理机构人员

根据机构设置和管理职能划分,对部分重复的管理职能进行合并,按照岗位职责既无重叠,又不留空白的原则,相应地精简管理人员,提高管理效率。代建与监理融合管理单位需抽调一批管理和监理经验丰富的工程人员组建项目现场管理机构,对管理人员的配置要求如下:

要求项目管理部门人员配置侧重于具有工程设计、咨询、建设管理经验的人员,熟悉工程建设规范、标准、建设流程,能解决工程管理难题。工程现场监管人员配置侧重于具有工程施工、监理经验的人员,具有丰富的现场管理经验,熟悉工程建设项目管理流程,能解决项目现场技术难题。两者的结合,可以发挥强强联合的作用。

根据项目特点和项目管理机构各岗位任职要求,从执业资格、职称、专业技术水平、职业道德、类似项目工作经验等几方面,选拔公司长期合同制员工作为项目管理团队成员担任关键岗位负责人,从源头上保证项目管理人员素质。

所有管理人员上岗前必须通过业务能力考核,并且定期组织管理人员进行业务知识学习,实行人员动态管理,优胜劣汰,对不符合要求的管理人员及时清退。

(3)管理信息化与集中工厂化

引进信息化管理手段,建成项目动态管理系统,加强工程施工环节监控,运用可视化的管理措施,降低工作强度,实现信息实时更新、统计、分析和共享;将部分传统的"线下"管理转为"线上"管理,提高工作效率。

通过对驻地、钢筋加工场、拌和场、预制梁板厂、便桥、通道、出入口等工程开展集中工厂化建设,实现作业标准化、工点工厂化、工人产业化、安全标准化、项目常态化、建设示范化管理。

(4)试验检测

中心试验室的日常计量管理工作由计量管理员全面负责。所有在用检测仪器设备,均按规定的检定周期送交有资格的核验机构校核和检验,校验合格后方准使用。对没有规定的在用检测仪器设备,均实行自校(检)验。超过检定校(检)验周期或检定、校(检)验不合格的检测仪器设备,不准使用,并及时贴上停用标志。

做好试验设备的管理、使用和日常维护与保养,按规定由试验工程师负责建立设备台账、主要仪器设备的使用记录本及维修检定档案,并负责保管仪器设备使用说明书及检定证书。

试验报告应正确、完整、清楚,每份报告必须有试验人员和审核人员签名,报告必须编号,以备存查。

4)资金保障措施

为加强公路工程建设资金的管理,提高资金使用效益,确保建设资金安全、有效地使用,优质、安全、高效地完成公路建设项目的建设需要,根据国家有关规定和交通运输部、省交通运输厅及项目法人等有关资金监管的要求,制定财务管理办法进行建设期财务管理。

(1)项目法人单位资金保障措施

项目法人单位应做好资金筹措工作,确保工程建设资金及时到位,从而保证工程建设的正常实施。同时,项目法人主要采取审查代建指挥部人员机构、项目管理机构绩效考评的手段对试点项目进行监督。主要通过采取建设项目审计等手段对试点项目进行资金监督。

(2)代建与监理融合管理单位的资金保障措施

代建指挥部编制资金管理计划,向项目法人报送资金计划,项目法人通过审计监督手段,核实建设项目投资金额,促进建设项目规范管理。因无法收缴追回给项目法人造成损失的,追究相关人员责任,审计查出的其他有关问题按有关规定处理。

代建指挥部对施工单位项目资金账户进行管理,监督农民工工资发放工作,配合有关部门做好财产登记、清查工作,开展安全生产专项资金使用管理。开展项目资金调度、管理、运作及使用,及时审核支付合同工程价款,监督承包人资金流向。收集资金管理文件,包括支付报表、决算及决算审计文件。代建指挥部成立党风廉政建设领导小组,保证工程建设高效优质,保证建设资金安全和有效使用。

(3)施工单位的资金保障措施

为加强建设资金的监督管理,提高投资效益,公路实行全面预算管理,施工单位应按代建指挥部的要求及时提交项目预算,在代建指挥部确定的银行系统内进行封闭式资金运行管理。

施工单位应严格执行国家有关财务管理制度，完善财务核算体系。施工单位应依据合同及施工进度计划详细编制次月用款计划，并于每月末报送代建指挥部，作为建设资金监督的重要依据。施工单位必须按本工程项目计量支付程序进行计量，并按有关规定签证完成后，作为申请支付工程计量款的依据。经代建指挥部审核拨付的工程计量款，施工单位应专款专用，严禁挪作他用；施工单位违反规定用途转款或用款的，开户银行有权拒付，并及时把信息反馈到代建指挥部，代建指挥部有权酌情进行处理。施工单位将工程计量款用于上交总公司管理费和归还前期借入资金应经代建指挥部批准。施工单位应将总公司上缴管理费文件报代建指挥部留存，作为批复施工单位上缴管理费的依据。归还总公司前期借款应出具借款时的有关凭据，代建指挥部将根据项目工程建设资金的实际情况审查批准归还借款。施工单位上交上级单位如社会养老保险等代收代缴的各项费用时，不得超过国家法律规定的比例。施工单位应积极组织资金，确保工程建设顺利进行。施工单位将工程进度款用于购买大型机械设备、仪器的，必须经代建指挥部批准。施工单位应及时支付材料、设备等款项，及时支付农民工工资，并应严格遵守现金管理规定，不得以任何名义套取现金。为保证公路建设项目资金的安全和工程建设的顺利进行，施工单位在承建的工程正式交验之前，未经代建指挥部同意不得以任何名义转移资金。

5）宣传保障措施

舆论宣传对于推进项目建设和打造代建与监理融合管理品牌至关重要。建设行业利用多种载体、通过多种方式，多角度、全方位、立体式地宣传项目建设实施情况与项目管理单位的精神风貌，进一步扩大代建与监理融合管理项目影响力，树立了企业品牌形象，为项目建设营造了良好舆论氛围。

通过代建与监理融合管理项目简报及时更新建设信息，反应工程动态，提升代建企业及代建指挥部的知名度。通过省市县各级政府与交通主管部门网站、报刊、微信公众号、电视媒体等将代建项目的新闻信息及时发布。通过行业与会议交流，宣传代建与监理融合管理模式的成效。

6）考评保障措施

健全考评体系，除了对试点项目的出资审计和绩效考评外，还应采取如下措施：

建设行业对代建指挥部各级管理人员实行目标风险金绩效考核制度。在施工和缺陷责任期，针对各部门的质量、安全、进度、廉政等管理目标完成情况进行考评，根据考评结果开展风险金绩效考核，通过优奖劣扣来实现。

将项目建设管理机构绩效考评工作一并纳入代建与监理融合管理单位对所

有权属单位绩效考评的范围。代建指挥部的绩效考评结果与代建指挥部管理人员的绩效薪酬挂钩。

完善监管人员的信用评价。为加强对监管人员的管理,建立监管人员的信用评价体系。将项目质量、进度、费用、安全等目标逐级逐段分解到每一个监管人员,明确每一个岗位的权限和职责,并建立登记台账,严格落实责任追究制度。

要求代建与监理融合管理单位严格按批复标准配备人员,所有监管人员上岗前必须通过业务能力考核,定期组织监管人员进行业务知识学习,实行监管人员动态管理,优胜劣汰,对不符合要求的监管人员及时清退,并纳入信用评价管理。

7) 党风廉政保障措施

认真贯彻执行党的路线、方针、政策,以及国家法律、法规及政府各级部门的重大决策,结合建设任务特点,有针对性地开展党风廉政教育和思想政治工作,切实增强党员及领导干部遵守执行党纪党规的自觉性,强化干部职工的法纪观念和廉政意识。

开展党风廉政建设工作。积极开展廉政教育活动,重点抓好代建指挥部工作人员的时事政策、职业道德、反腐倡廉和遵纪守法等政治教育的组织实施工作,不定期进行督促、检查。

第5章 代建与监理融合管理模式的试点应用

5.1 试点项目实施

5.1.1 实施背景

1) 公路建设市场的需求

（1）随着公路建设投资体制的多样化，如 BT（Build-Transfer，建造-转移）、BOT（Build-Operate-Transfer，建造-运营-转移）、PPP（Public-Private Partnership，政府和社会资本合作）等，交通基础设施建设的投资者需要专业化的工程管理队伍，潜在市场较大。

（2）各基层县市区受体制限制，专业管理人员较为短缺。

受体制所限，临时组建的工程指挥部的工程项目管理人员来源不同，其专业素质和业务能力参差不齐，专业管理人员数量总体偏少，且项目结束后面临机构解散、人员回归的问题，这都给专业化管理带来困惑。

推行公路工程代建与监理融合管理，不仅可保障公路工程建设投资效益和质量，而且能够提高工程建设监理和管理人员的管理水平、增强监理和管理人员的职业素养，为我国建设监理和管理企业的管理能力进一步提升奠定良好的基础。推行市场化、社会化、专业化的工程项目管理，是市场经济体制下工程建设领域建设实施组织方式的必然选择，是我国投资体制改革的必然要求，是加快我国交通建设行业发展的有效途径，是实施"走出去"发展战略的必然趋势。

2) 项目管理水平提升与企业转型的需求

随着国家投资体制的改革和市场经济的不断规范和完善，业主的价值取向有了本质的改变，追求高质量、专业化、全过程的管理服务，现阶段的矛盾已经演变为监理、咨询企业的能力不能充分满足业主的需求。

在外部环境急剧变化的情况下，监理、设计、咨询企业必须立足现实，与时俱进，向全方位、全过程的项目管理方向靠拢，迎合业主的需求。否则不仅不能抓住外部环境给予的机会，还会适应不了时代的要求，步入生存危机。

引导监理、设计、咨询企业逐步向代建与监理融合管理方向转型发展，拓展业务范围,根据市场需要,提供高层次的管理咨询服务,既是提升项目管理水平,又是坚持和完善工程监理制,更好地发挥监理作用。采用代建与监理融合管理模式,通过监管工作方式的转变和工作地位的提升,可以引导项目管理市场规范有序发展,维护项目管理企业的合理利润和管理技术人员的合理待遇,提高管理技术人员的实际能力、专业技术水平和职业道德水平。

3) 交通运输改革的必然选择

根据政府政务改革的方案,"三张清单一张网"等一系列的改革政策出台,政府通过"阳光政务""行政审批""便民服务"等实现简政放权,促使政府当好市场秩序的"裁判员"和改革创新的"守护者"。如浙江省开展的交通运输综合改革试点,发展公路工程代建与监理融合管理有利于行政体制改革的推进,真正实现行业管理的监督和服务,逐步落实政府职能转移。因此,政府对工程项目管理的购买服务需求是大势所趋。

4) 工程项目管理体制改革的需求

(1) 体现落实项目法人责任制的需要

按照当前深化改革的要求,政企分开、政事分开、监管与执行分开,已经成为深化改革的重要内容,通过代建与监理融合管理模式,由专业化的、社会化的、具有独立法人资格的项目管理单位作为建设管理法人负责建设管理工作,承担工程质量、安全、进度、投资控制等法定责任,正是体现落实项目法人制的需要。

(2) 完善招标投标制的需要

通过招标投标,遵循"公平、公开、公正、择优"的原则,引入市场竞争机制,确定专业的代建与监理融合管理单位,充分发挥其社会化、职业化、专业化的优势,提高项目管理水平和工作效率,减少"三超"(超规模、超概算、超标准)现象,是完善招标投标制的体现。

(3) 强化合同管理制的需要

项目法人通过招标选定代建与监理融合管理单位,双方签订代建与监理服务合同规定各自的职责。代建与监理融合管理单位依据合同规范项目进行管理工作,督促双方履约守信,是强化法律意识和契约精神的体现,也是强化合同管理制的需要。

5.1.2 实施目的

通过本次试点的实施,探索代建与监理融合管理模式的适用范围、机构设置、部门职责划分等,形成一套适用于代建与监理融合管理模式的管理制度和办法,提高浙江省公路建设项目管理专业化水平。具体如下:

(1)以开展试点促进管理全方位提升

通过开展试点项目,提高管理效率和管理水平,确保试点依托项目实现合同约定的质量、安全、环保、进度、费用等管理目标,促进管理全方位的提升。

在模式可行性方面,探索代建单位的功能定位、与项目法人的工作界面划分、工作任务和主体责任。在机构合理性方面,探索代建单位组织机构设置、人员配置、部门职责划分的合理模式。在管理专业性方面,探索实现项目管理与工程监理的优化融合、精简管理层级、优化工作流程等。

(2)以市场培育促进企业转型发展

通过开展试点项目,初步建立代建与监理融合管理模式的管理制度、工作流程与标准,培育代建与监理融合管理市场,引导更多的咨询、设计、监理企业逐步向代建与监理融合管理模式方向转型发展。

(3)制定项目管理实施方案与保障措施

在试点过程中,整合和优化项目管理和工程监理的机构及人员,明确工作职责,提高工作效率,形成管理实施方案,制定相应的保障措施,总结代建与监理融合管理模式的成效。

5.1.3 临安试点项目

1)项目基本情况

(1)工程概况

2015年9月28日,浙江省发改委在《关于在公路建设中开展"代建+监理"模式试点和项目招投标有关事宜的复函》(浙发改基综〔2015〕534号)中批复同意以招标方式选择代建与监理融合管理单位。项目出资人为临安区交通投资发展有限公司。2015年10月,临安试点项目进行了代建与监理融合管理单位招标,由同一家国有企业的母公司与子公司(浙江公路水运工程咨询有限责任公司和浙江交科公路水运工程监理有限公司)组成联合体中标,中标价1798万元,后续增加服务费约600万元,共约2397.9984万元。2016年1月,代建与监理融合管理单位在项目现场组建了代建指挥部,并开展各项工作。

临安试点项目由三条线路组成,分别为临安陈家坞至市地公路改建工程、临安新联至横畈公路改建工程、临安青山至大罗公路改建工程,陈市公路按双向两车道二级公路标准设计,路线全长8.383km,路基宽度20m;新横公路按双向四车道一级公路标准设计,路线全长8.968km,路基宽度36.5m;青罗公路按双向两车道二级公路标准设计,路线全长7.33km,路基宽度20m。设风门岭隧道990m/1座(K3+080—K4+070)。总投资约13.065亿元。

全线目前为土建工程三个施工合同段,TJ01标签约合同价130687109元,工作范围为陈市公路、青罗公路K5+000—K7+330段;TJ02标签约合同价133920598元,工作范围为新横公路;TJ03标签约合同价116453198元,工作范围为青罗公路K0+000—K5+000段。

2018年6月29日,陈市公路、新横公路改建工程顺利通过交工验收。

(2)项目部的机构、人员情况

代建指挥部设指挥长1名,对项目建设管理全面负责,总工1名、总监1名,协助指挥负责相应管理职责。该管理模式设有4个部门(图5.1),即综合部、技术合同部、安全环保部、工程监管部,其中工程监管部下设试验室,并根据项目复杂程度和标段划分情况设置若干现场监管组。工程监管部既作为指挥部的一个部门,又作为相对独立的一个监理机构行使工程监理职责。

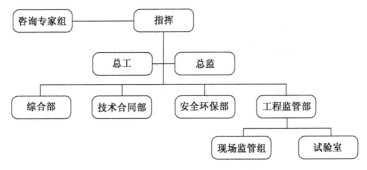

图5.1 临安项目组织构架

本项目主要负责人为代建指挥部指挥长、总工和总监。其中指挥长统筹全局,对项目法人、公司负责,承担项目代建与监理融合管理职责。总工主要负责技术管理及与外单位协调等,联系技术合同部、安全环保部、综合部;总监主要负责工程现场实施,即监理工作,联系工程监管部及下设中心实验室及各现场监管组。各部门主要职责为:工程监管部行使监理工作职责,负责工程质量、进度、费用、安全、环保监理。技术合同部负责施工、设计等第三方单位的履约管理,负责招标、技术方案审查、变更、计量及工程质量内部监督。安全环保部负责项目安全、环保、水保管理工作,配合征迁工作。综合部负责纪检、综治、宣传及后勤保障工作。另外公司组建了项目专家组,为项目提供技术保障。

临安代建项目监管人员均有多个公路项目管理、监理经验,技术能力强、管理经验丰富、熟悉工程项目管理全过程,监管人员总计28名。

(3)项目法人基本情况

本项目出资人为杭州市临安区交通投资发展有限公司。杭州市临安区交通投资发展有限公司，是临安区政府直属单位，也是临安区国有股权控股有限公司履行出资人职责的七大国有公司之一。其主要承担临安区交通基础设施建设项目、市政设施的投融资、开发建设和经营管理以及土地的整理与储备等，主要负责本项目资金筹措和财务支付。

业主方成立了青山湖科技城"一横两纵"道路建设指挥部，主要负责征地拆迁及对代建指挥部考核工作。

2）试点分析内容

（1）模式的可行性

临安试点项目作为浙江省交通系统第一个代建与监理融合管理项目，项目前期做了大量工作，完成了项目试点方案、项目管理大纲的评审，为项目开展奠定基础。通过项目的实施，目前陈市公路、新横公路已于2018年6月29日通过交工验收。青罗公路受征迁影响，2019年10月通过交工验收。通过项目实施证明了代建与监理融合管理模式是完全可行的，项目在该管理模式下有序、保质、安全地完成各项管理目标，并较好地控制了工程造价。

（2）机构的合理性

本着"职能齐全、精干高效"的原则，内设机构时考虑了计划、合同、技术、质量、安全、纪检等职能要求；管理机构的岗位和人员编制以满足管理任务要求、人员满负荷工作为原则。

临安项目考虑到资金筹措与财务支付、征地拆迁工作由项目法人负责，代建指挥部不设财务审计和征地拆迁部门；考虑到项目规模相对不大，且技术不复杂，技术合同部负责工程技术、招标投标、合同、计划；综合部负责行政、后勤、纪检监察、党青工团；安全环保部负责安全、环保、文明施工及协助项目法人征地拆迁；工程监管部负责质量、进度及现场监理工作。

实践证明，临安项目机构设置合理，运行通畅良好，同时较完整地保留了监理相对内部独立的运转模式，缺点是代建与监理融合管理还需持续优化，人员数量可以进一步精简。

（3）管理的专业性

部门工作分工明确，各部门的职责分别为：

技术合同部：编制项目总体计划，包括资金使用计划、设计工作计划、招标采购计划、施工总体进度计划、外协工作计划等，跟踪项目进展情况，及时调整项目计划；根据招标采购总体计划，进行招标采购工作；联系跟踪审计单位审核工程计量和决算、费用索赔和变更；联系设计单位组织图纸会审和设计交底，负责设计协调与管理工作；负责本项目信用评价工作；负责编制工程进展报告；办理有关报批手续。

安全环保部：编制并落实本项目安全生产管理办法及环境保护、水土保持管理办法；负责项目安全生产管理，监督安全生产责任制的落实，有效改善施工安全环境；督促承包人建立健全安全生产管理制度并执行，有效管理安全专项费用的使用和计量；如发生安全事故，及时上报并积极配合有关部门安全事故调查和处理；督促承包人文明施工，监督承包人制定并落实环境保护、水土保持措施；配合职能部门完成项目环境保护和水土保持的专项验收；及时上报相关文件、资料，建立、完善代建指挥部安全生产、环境保护、文明施工管理档案。

综合部：负责制定档案资料及信息化管理规定；负责代建指挥部档案管理及项目信息化管理工作；负责纪检、廉政建设工作；负责外协及公务接待工作；负责项目宣传工作；负责本项目综合治理工作。

工程监管部：以现场质量安全控制为主，具体负责工程现场质量、安全、进度、工程资料等。

3）具有特色和亮点的管理措施

（1）坚持咬定进度目标不松劲

①重建设计划，确保进度目标全面落实。代建指挥部在安排施工计划时主要考虑了高边坡、隧道开挖和路面等控制性工程建设。每年年初，代建指挥部都会组织召开"工程建设推进会"，要求各参建单位紧紧围绕各年年度目标加大人力、物力投入，全面掀起年度项目建设高潮。各参建单位按照工期要求，对工程量进行工期倒排，按旬、月、季、半年和总工期分层次分阶段抓好落实，力求工程建设协调有序、稳步推进。

②重合同履约，促进工程合理施工。以合同为依据，全面加强施工、设计单位管理，每月对施工单位进行一次履约检查，督促施工单位严格按合同履约，组织人员、机械设备进场。

③重设计变更，为工程顺利推进创造条件。设计变更管理是代建指挥部控制工程投资、工程整体质量符合设计指标和工程建设目的的重要环节。根据现行国家、省、市设计变更管理实施细则和变更管理办法结合本项目实际，代建指挥部严格执行属地的项目工程变更管理办法，规范变更管理程序；同时制定变更审批流程和变更审查会议制度，严格按程序要求实施，做好相应的归档工作；组织审查了凤门岭隧道塌方、新横线高边坡爆破等施工方案，提出质量、安全、进度方面的修改意见，为工程建设顺利推进创造了有利条件。

④重考核评比，形成比学赶帮超良好氛围。为切实加强临安改建项目建设管理工作，提高全体参建单位积极性和创造性，营造"比、学、赶、超"的良好施工

氛围。代建指挥部组织开展"立功竞赛"活动,检查内容涵盖标准化建设、质量管理、进度管理、合同管理、文明施工、廉政建设、宣传等各个方面。每季度分别组织了考核评比。立功竞赛活动与信用评价挂钩,运用竞赛杠杆、激励作用,不断带动整个项目建设再上新台阶。

⑤重组织协调,确保各项工程有序开展。本项目三条线路集中于村民居住区,人口密集,加上边通车边施工,极大地制约了项目工程的有序推进,为改变不利局面,代建指挥部加大各配合工作的主动性和对青山湖科技城一横二纵指挥部的配合力度,确保了工程无障碍施工。加强与设计单位的联系和督促,做好设计变更的跟踪催促工作,保证工程施工。加强与临安区交通运输局、当地政府部门及沿线乡镇的沟通,确保信息对称,形成了相互支持、密切配合的工作局面。

⑥重难点监控,确保及时排解各种制约因素。坚持把重难点工程和工程滞后标段作为工作重点,实行重点监控、政策倾斜、特事特办。进度落后标段采取约见单位领导等手段,有效扭转工程建设被动局面。

⑦重计量审批,确保规范高效运作。严格落实分工负责制、责任追究制,做到规范管理、严格审核,及时解决变更计量中的制约环节,提高了审批效率,有效缓解了施工单位的资金压力。

(2)提升工程建设质量不懈怠

本项目在2016—2018年杭州市交通工程质量安全监督局执法大检查中,各项指标均达到质量目标,实现了工程质量可控。具体措施如下:

①进一步健全质保体系,强化质量管理。上半年项目建设主要以路面建设为主,对路基施工所涉及的原材料、机械设备、混合料配合比、施工工艺等各环节除了常规检查外,为进一步保证质量,代建指挥部进行了多次专项检查。在日常管理上,每天进行两次现场巡检,巡视主要工程部位施工,及时进行指导监督,填写巡视记录。继续以实体工程质量抽检的方式,对各施工单位质量保证体系的有效性进行评价和管理,正确履行职责,规范质量管理,用好"两权"(质量监理权、质量否决权),把好"三关"(开工关、施工关、验收关),抓住"三重"(重要部位、重要环节、重点工程),体现"两性"(科学性、公正性)。对施工、驻地监理单位的质量行为和现场工程质量进行有效控制,为全面提升工程质量奠定基础。

②突出现场质量管理,严格现场监理旁站制。根据本项目特点,将路基填挖结合部、老路拼接、上路床施工、管道施工、边沟施工、上边坡防护施工、梁板预制、预应力张拉、梁板安装、桥面系施工、片石混凝土和浆砌高挡墙、涵洞、隧道挖方作为监理控制重点、难点,在施工过程中加强高挡墙基础埋深、高边坡防护技术方案控制,监理人员进行全过程旁站,及时检查承包人质检、试验人员到岗情

况,严格原材料、施工工艺控制,及时填写旁站记录。

③关注施工质量,组织专项整治活动。代建指挥部根据施工进度,发现路基填筑不规范或者路面铺摊整体形象较差,存在路面离析、平整度差、下水道井盖低高不平等现象时,有针对性地适时开展路基、路面质量整治活动。

④加强试验检测,确保质量监控。代建指挥部工地试验室重点检查第三方检测数据是否真实可靠,自检频率是否满足规范要求,尤其是对原材料、关键部位进行重点抽查、检测。通过试验检测,代建指挥部及时、准确地掌握了工程质量状况,确保了质量的有效监控。

⑤加大检查力度,杜绝质量隐患。代建指挥部组织工程监管部、工地试验室定期进行工程实体施工的巡视和专项检查,及时发现并消除工程质量隐患,及时了解工程质量动态,对施工现场管理、施工工艺、工程实体外观等进行随机检查,针对各阶段工程施工过程中暴露出的管理漏洞和出现的质量通病,根据工程建设的不同阶段开展有目的的专项检查。临安项目没有发生质量事故,工程质量能得到有效控制,真正做到了"应监不漏、监而不误"。

(3)确保安全生产持续可控不麻痹

代建指挥部严格依照国家安全生产法律、法规及规章制度积极开展安全工作;同时,督促承包人进一步完善和健全安全生产保证体系,落实安全生产责任制,审查承包人制定的专项安全施工方案,定期组织安全生产检查,严格落实各参建单位的安全生产责任,使项目工程建设安全生产处于全面受控状态,达到安全生产目标控制的各项要求。

①加强内部学习教育和安全技术交底。每年年初制订培训学习制度,每月组织一次安全知识学习。学习内容主要是根据工程进展情况及时组织相关的学习和上级主管部门下发的重要文件。各施工单位在分项工程开工前均进行了安全技术交底,交底采用书面与现场相结合的方式,保证交底到个人。

②根据工程进展情况,分别对高边坡安全施工、风门岭隧道进口段初期支护等危险性较大工程专项方案进行了审核。项目部编制了安全专项方案,并组织了专家论证。

③大力推进安全月活动。一是利用宣传窗(栏),张贴安全宣传画、标语等,大力宣传施工安全生产知识,及时报道活动进展情况;二是通过典型事故和案例剖析,分析原因、总结教训;三是积极组织开展防汛应急演练;四是扎实开展安全生产隐患排查,由代建指挥部带头,各参建单位参与,开展消防安全隐患大排查大整治活动;五是组织了消防演练。活动进一步增强参建员工安全生产意识,创造良好的安全生产环境,促进安全生产稳步提高。

④每年都与所属部门、参建单位签订安全生产责任书。根据上级统一部署结合项目特点,共印发安全生产管理文件121份。召开安全生产会议30次,局部会议24次。共组织安全隐患排查24次,大检查12次,下发闭合整改通知书34份。组织文明施工,环境保护检查8次,下发环保整改通知书6份。

⑤强化安全资金投入,建立安全费用专用收支账目,不断改善安全生产、文明施工条件。

(4) 抓好队伍党风廉政建设不放松

①加强理论学习活动,不断提高政治理论水平。在理论学习方面,始终坚持做到早安排、早部署,做到全体工作人员政治理论学习年初有计划,半年有检查,年终有总结。在工程进行的同时,不断完善代建指挥部学习制度,要求指挥部广大干部职工撰写读书笔记、心得体会,强化学习效果。通过形式多样、多层次、多途径地开展学习教育活动,学习效果显著增加,干部职工学习理论、学习业务的积极性不断提高。代建指挥部还要求全体工作人员对学习活动进行反馈、填写建议表。制度化、常态化的学习活动,反馈表、建议书等环节的设置,都为促进全体工作人员业务水平提升,营造"学习型"代建指挥部发挥了巨大作用;也为代建指挥部更好地服务项目管理,更好地把握代建与监理融合管理新定位,更好地打造建设管理"新模式"提供了有效途径。

②深入推进"反腐倡廉",筑造项目保障防线。代建指挥部为进一步落实《浙江公路水运工程咨询有限责任公司杭州城西科创产业集聚区临安陈市公路、新横公路、青罗公路改建工程代建指挥部廉政工作手册》,着力把已建立的制度应用到工程建设实践中,做到用制度管权、按制度管事、靠制度管人。一是在全体人作人员办公桌上放置"廉政警示卡片";二是继续开展廉政谈话,增强了廉洁从政意识,统一思想认识,起到凝心聚力的作用;三是认真宣传贯彻上级廉政要求,积极宣传新形势下廉洁从政的先进模范和典型,树立正气,营造干净干事良好氛围;四是通过制作上墙图文、漫画、廉政警句,营造项目廉政文化氛围、发挥警示教育作用、提升反腐倡廉能力;五是将农民工工资作为年度考核重点,定期组织监督检查,确保足额发放到位;六是每季度对各施工单位进行廉政工作检查,将检查结果纳入"立功竞赛"和"信用评价"中去。从开工至今,代建项目未发生一起违法违纪腐败案件,未发生一起农民工聚众闹事及上访事件。

(5) 塑造管理单位良好形象不动摇

以文化建设为载体,全面提升队伍的战斗力和凝聚力。代建指挥部以多形式、多角度,全方位的措施做好文化宣传建设,建立立体宣传网络,夯实精神文明建设成果。一是开设项目宣传栏,每月一期;二是创办了《杭州城西科创产业集聚区临安陈市公路、新横公路、青罗公路改建项目工作简报》，从不同角度实时展示项目建设成果，全面反映建设管理过程中典型事迹和先进人物；三是不断加强与浙江交通运输厅、中国交通报、交通旅游导报、临安电视台的联系与沟通，临安电视台根据工程进展对本项目进行了及时跟踪报道，交通旅游导报对我项目进行了采访。这些都对本项目起到很好的宣传作用，营造了内外舆论良好环境，展现了公路代建建设风采。

4) 运作方式的创新

(1) 工作流程

①合并重复管理活动。安全管理台账、工程计量台账、工程变更台账、管理文件、工地例会和工程管理会议等精简合并，减少了传统模式下原建设单位和监理办繁多的台账、会议、文件，精简"文山会海"，提高工作效率。

②审批流程优化、简化。根据代建与监理融合管理职能部门划分与职责设定，对相应的审批流程进行优化和简化，减少了管理环节，加快审批、签认进度，如在临安试点项目中对开工报告、工程变更、计量支付、延期及索赔、计划、现场确认程序等审批程序进行简化和优化。同时也对一些诸如过程施工记录等不必要的签认进行了精简。

③调整试验检测管理职能。传统模式下，试验检测工作是监理单位的工作重点，试验检测任务繁重，不仅要进行原材料的抽检，还要进行现场抽检、对施工单位试验进行旁站等，而且检测频率相对较高，大部分内容与施工单位要求重复，监理办试验室疲于应付规定的检测任务，忽视对施工单位试验检测工作的监督、管理。试点项目中，强化了对施工单位试验室的管理，重点放在对施工单位试验检测人员、仪器设备及试验资料的检查和以巡查、不定期抽查、专项检查、见证、共检，并加强对实体成品的检测工作。

④强调以巡视为主，旁站为辅的现场管理。日常管理中坚持每天两次巡视，巡视过程全覆盖，主要是督促施工单位完善质检体系，执行好相关自检程序。如巡视或验收过程中发现问题，对重点问题进行整治。严格执行规范规定的项目旁站工作，旁站过程中发现问题及时报告，及时处理，有效防止质量、安全问题的发生。该管理思路和《公路工程施工监理规范》(JTG G10—2016)不谋而合，且在现场管理中也被证明切实可行。

⑤优化工序验收和抽检评定。传统模式下质量控制流程主体在施工单位和监理单位之间交替，规定每道工序都必须经过监理工程师的验收认可才可以进行下一步的施工，监理单位往往成为施工单位的质检员、"保姆"，导致作为主体责任的施工单位放松了自检把关。代建与监理融合管理模式下，负有监管责任

的代建指挥部则以巡检为主，只要求关键工序(参与质量评定的工序)检查合格后方可进行下一步施工，并对每一分项工程中间交验的资料和检测数据进行核验签认。同时，要求施工单位建立所有工序验收影像资料库，并报代建指挥部备查。

(2)考核方式

对施工单位采用日常巡查、月度检查、季度考核的考核方式，每季度根据项目进度、质量、安全、履约情况开展考核工作，通过考核客观评价施工单位的履约信用，引导施工单位形成良性竞争环境，促进项目进展。但本项目考核受有关管理制度及经费限制，考核结果未能与经济挂钩，考核管理力度稍显不足。代建指挥部内部实行月度考核制度，促进代建与监理融合管理工作进一步规范。

5)项目试点成效

(1)有效解决组建临时指挥部人员短缺问题

临安区交通投资发展有限公司由于管理人员短缺，一般需要借用、抽调政府有关部门人员，负责人一般是交通主管部门的领导。当工程项目完成后，即宣布解散，不利于人员聚集。现有体制内，政府有关部门的工作人员"一个萝卜一个坑"，无法腾出工作人员参与到工程管理中去。因此，造成人员短缺，指挥部组建困难等现象。通过招投标引进代建与监理融合管理单位，能有效解决组建指挥部人员短缺问题。

(2)有效控制管理费用

按工程项目常规建设模式，指挥部由当地政府或者交通主管部门单独筹建组成，监理业务通过招标选择监理公司承担，二者的费用分别在工程管理费和监理费中列支。代建与监理融合管理模式中，管理人员和现场设施相对集中，人员相对较少。另外，代建与监理融合管理开支费用可以同时在建设单位管理费和监理费中列支。与常规模式两项费用分别列支相比节约了成本，可以有效控制管理费用。

(3)为地方业主补充了管理力量

引入"代建+监理"单位可以充分发挥专业管理公司的技术优势，补充业主技术管理力量的不足，项目业主可以从繁杂的工程技术管理中解脱出来，集中精力抓好宏观管理工作。这样，业主就能更有效开展项目管理工作。

(4)投入上减少了管理人员

传统的项目管理方式就是分别设置独立的指挥部和总监办。在建设管理和工程监理工作深入融合的代建与监理融合管理模式下，人员投入可以减少约30%，办公设施、场地无须重复设置。

(5) 人员综合素质提高显著

实行代建与监理融合管理模式后,代建指挥部组织机构相对精简,工作人员承担的责任和权利更为广泛,对人员素质的要求也就更高。对代建指挥部主要管理人员的任职条件有了更高的要求,设置了更高的门槛。对普通工作人员采取以工作能力考核为主,持证上岗为辅的原则。在人员组建上,在符合相应资质条件的基础上,优先选用有项目管理、监理或施工经验者,有利于项目的管理。

(6) 工作效率明显提升

以划责任田的方式明确代建指挥部每个岗位的权限和责任,将项目的质量、进度、安全、工程变更等目标分解到部门,落实到个人。以一岗多责、薪酬划定以岗位工资和辅助工资相结合、绩效工资与考核相挂钩、民主评分得分、安全和廉政不出问题等方式提高代建指挥部工作人员的责任感、危机感和工作积极性。工程监管部对外是一级机构,对内是指挥部的一个部门,该模式有效地解决了传统项目管理机构与监理办职能交叉、职责不清问题,极大地简化工作环节,提高了工作效率。

(7) 项目管理水平得到提升

代建与监理融合管理模式中,项目投资人不直接参与建设,通过招标选择的代建单位往往是专业从事项目建设管理的咨询监理单位,拥有大批专业人才,具有丰富的项目建设管理经验,熟悉整个建设流程。委托这样的机构代行业主职责,能够在项目管理中发挥重要的主导作用。通过制定项目实施计划,设置风险预案,协调参建关系,合理安排工作,极大地提升项目管理水平和管理效率。代建单位在建设过程中,通过对参与建设的勘察、设计、检测、施工和设备材料供应商等各方实现有效管理,从而大大提高项目管理水平,并且可使投资单位从盲目、繁琐的管理业务中超脱出来,将更多的精力放到本职工作上去。可以充分利用咨询监理企业的专业技术力量,缓解项目法人缺技术人员、缺管理经验的难题,补齐交通建设人才短板,使项目管理水平得到进一步提升。同时,专业化的代建与监理融合管理公司能有力克服以往的"工程上马建班子、工程完工散摊子"的弊病,有利于工程经验的总结和传承。

(8) 投资控制得到真正落实

代建与监理融合管理单位可以在设计阶段直接介入设计管理,对方案设计、图纸设计、施工图设计等进行把关,在设计阶段对投资进行控制。在招投标阶段,能合理划分标段,采取合适的招投标方式,选择信誉好、能力强的施工单位进行施工。克服了人为对投资的影响,在建设过程中,有效地避免了"概算超预算、预算超概算、决算超预算"的三超现象,进一步提高了投资效益。

(9)推进国、省、乡道"品质工程"建设

"品质工程"是全国交通运输行业推进交通工程建设所倡导的新理念和新高度。代建与监理融合管理单位可以通过大标段划分、工厂化建设、"智慧工地"发展，提升国、省、乡道建设水平，推进先进的建设理念，代建与监理融合管理单位不仅是代建与监理融合管理模式的探索者，同时也是新技术、新工艺、新标准的践行者，通过精准发力、有效管理、创新举措，能促进公路工程建设"品质工程"的提升。

(10)腐败问题得到有效遏制

投资人、代建与监理融合管理单位、施工单位以合同的形式确定了项目出资法人、项目管理法人、项目使用者、施工单位等单位的责任、权利、义务。建立了约束和奖励机制，从项目的质量、安全、工期、投资控制、廉政等方面对项目的预期目标实行严格的控制，建立了相互监督约束的有效机制。在管理过程中，在施工单位、主要设备设施和材料的选择上能严格执行国家有关招标投标、合同管理等制度，避免了一家说了算的格局。是党风廉政建设从源头治理建设领域腐败的有力措施和手段，将有效遏制腐败事件的发生。也切实解决了交通运输主管部门既主管项目又主持项目建设，身兼"裁判员"和"运动员"两职的现实矛盾。

(11)能有效发挥专业优势，减轻业主负担

以往常规建设模式下，指挥部由当地政府或者主管部门单独筹建，指挥部人员由各单位抽调或自聘，导致各抽调单位工作受影响。抽调和自聘人员的磨合也加大了协调工作量，指挥部工程管理的稳定性受到影响。项目由代建与监理融合管理单位管理，人员的稳定性和专业性得到保证，工程结束后，不存在指挥部人员后续工作安排问题，为业主减轻了工程管理人员不足和后续工作人员安排的压力。

(12)有利于减少设计变更，能合理控制工程建设费用

在施工图设计期间，代建指挥部可以借助母公司的技术优势，为业主方提供了初步设计文件咨询意见，可以配合设计单位做外业调查、帮助协调地方上的变更要求，有效减少了正式施工图出来后设计变更量。根据《服务合同》明确业主和代建与监理融合管理单位的责、权、利，增强了代建与监理融合管理单位的责任心和积极性，代建指挥部能充分利用母公司技术资源为建设项目设计的优化、重大技术问题的研究提供技术支撑，节约工程造价，合理控制工程建设费用。

(13)践行了"最多跑一次"改革

管理单位和监理公司为同一家单位，避免了相互推诿和扯皮现象的发生。代建与监理融合管理单位对第三方参建单位有相应的管理职责，在工程管理上

由代建指挥部牵头,各相关单位配合,能及时解决工程建设中遇到的问题和困难。同时,代建与监理融合管理单位从某种程度上扮演了"一条龙"服务行政大厅的角色,大大减少了施工单位的外联工作量,提高了办事效率,真正践行了"最多跑一次"的改革。

5.1.4 湖州试点项目

1)项目基本情况

(1)工程概况

湖州试点项目进行了代建与监理融合管理单位招标,由浙江公路水运工程咨询有限责任公司和浙江交科公路水运工程监理有限公司组成联合体中标,中标价4271.6781万元,组建代建指挥部,完成项目管理和监理工作,全线分为土建工程五个施工合同段。代建指挥部自2016年12月进场以来,在省、市等上级主管部门的大力支持下,本着"发展理念人本化、项目管理专业化、工程施工标准化、管理手段信息化、日常管理精细化"的理念,严格施工过程控制,推动"品质工程"实施,质量、安全、进度、费用、环保等均满足服务合同要求,达到了质量优、投资省、效益好、环境美的目标。

湖州市南太湖产业集聚区吴兴杨渎桥至南浔菱湖公路工程项目采用浙江省代建与监理融合管理模式,总投资约21.985亿元,路线全长约24.06km[其中太湖度假区段(K0+000—K3+120)长约3.12km;市城市集团段(K3+120—K11+000)长约7.88km;吴兴区段(K11+000—K17+550)长约6.55km;南浔区段(K17+550—K24+060)长约6.51km],市城市集团段利用二环东路约4.22km,实际建设里程长约19.84km。同步建设度假区连接线约2.88km、南郊风景区连接线约2.58km。主线设置大桥7座,中小桥7座;其中长湖申大桥主桥上部结构采用(84+140+84)矮塔斜拉桥;吴沈门大桥主桥上部结构采用(60+100+60)预应力混凝土变截面连续梁;连接线设置大桥1座,中小桥3座;其中东苕溪大桥主桥上部结构采用(61+115+61)预应力混凝土变截面连续梁。

主线采用双向六车道一级公路标准,设计速度80km/h,并兼顾城市道路功能。路基宽度采用50m、39m、33m、12m四种路幅布置方式。本项目核定概算24.983亿元,其中,主线21.985亿元,配套工程2.998亿元。该建设项目的整体走向是从北往南。施工活动不但需要跨过湖泊区,还有高架桥梁,大道所经之区地形复杂多变。在工程项目的施工建设中,因为会遇到各种各样意想不到的困难,所以整个工程建设的难度比较大。

(2)代建与监理融合管理机构与人员

代建指挥部所有人员均有多年的高速公路、普通公路建设项目管理经验,专业技术能力强、政治素养高,在各个领域均有专长。项目主要管理人员12人(其中高级工程师6人,工程师6人)。

代建指挥部实行指挥负责制,下设六个部门(图5.2),综合处、合同管理处、工程管理处、安全环保处、工程监管处、中心试验室,即为5处1室。

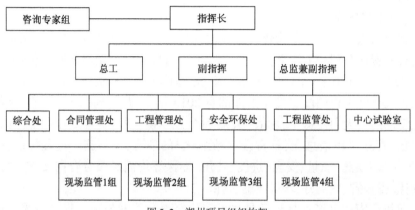

图5.2 湖州项目组织构架

(3)项目法人基本情况

项目出资人为南太湖建设投资管理有限公司及四个分业主,四个分业主分别为:浙江南太湖控股集团有限公司(太湖度假区段)、湖州市北建设投资有限公司(市城投区段)、湖州东苕溪新农村建设投资有限公司(吴兴区段)、湖州南浔交通水利投资建设有限公司(南浔区段)。四个分业主负责征迁、较大及重大变更审核、工程计量审核;南太湖公司负责工程建设总协调。代建指挥部受南太湖建设投资管理有限公司及四个分业主委托负责工程管理(图5.3)。

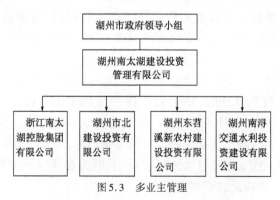

图5.3 多业主管理

2）试点分析内容

（1）模式的可行性

按常规工程项目建设模式，指挥部由当地政府或者主管部门单独筹组成立，且管理人员由各单位抽调；监理业务通过招标承担施工监理任务。在这种模式下，各抽调单位工作受影响，同时自聘人员开支大，指挥部管理协调工作量大，建设单位管理费捉襟见肘，而工程监理费招标后有节余；且最终指挥部工程管理的稳定性和专业传承也受影响。

代建与监理融合管理模式，缓解了项目法人专业管理人员紧缺和技术力量的不足，有效地避免了传统模式指挥部人员的借用、聘用，及工程结束后，后续相关借用、聘用人员的工作安排等问题，工程管理的稳定性和专业性得到一定的保证。同时，管理人员、现场设施可相对集中，加强提升利用，专业技术人员及相应职称比例，和常规模式相比明显提高。

湖州代建与监理融合管理项目的建设管理机构存在一个大业主、四个分业主的现状，由代建单位统一管理，有利于管理标准统一，有利于工程费用总体控制，有利于工程同步推进。

（2）机构的合理性

①湖州代建与监理融合管理项目的管理机构设置为"5处1室"，即包括综合处、合同管理处、工程管理处、安全环保处、工程监管处、中心试验室。代建指挥部为整合管理资源，考虑过工程管理处与工程监管处合并，但由于招标时业主要求工程管理处单独设立四位联络人，因而尚未合并。

②工程监理实行总监负责制不变，但监理机构不再单独设立，总监兼任代建机构负责人之一。

③监理各专业，根据部门职责分工融入代建指挥部管理体系，纳入相应管理部门，减少管理层级。具体为：监理合同工作并入代建指挥部合同管理处；监理安全环保工作并入代建指挥部安全环保处；监理试验工作并入代建指挥部中心试验室；监理档案综合工作并入代建指挥部综合处。

④设置现场监管组，履行巡查、旁站、抽检等现场监理工作。

（3）管理的专业性

代建与监理融合管理模式，是建设单位的项目法人将责任事项交由熟悉建设程序和建设规定、具有较强经济和技术力量且符合资格条件的企业或机构进行项目管理监理工作；湖州代建与监理融合管理单位受项目法人及项目业主委托，组建代建指挥部对项目进行代建管理和工程施工监理。在常规工程项目业主管理基础上，通过专业服务将监理职责融合，具体职责如下：

①受项目业主委托进行施工许可办理、总体安全风险评估、较大及重大设计变更手续报批、财务审计、交工验收、专项验收(水保、环保、土地、档案等)、竣工验收、整体工程接收管养工作,协助配合项目业主完成征地拆迁;

②协助项目业主进行本工程的招标采购;

③在工程实施过程中,负责对第三方参建单位进行合同管理,细化、分解项目管理目标,落实目标责任;

④负责拟定项目进展报告报送项目业主,并对工程项目进行全过程的质量、进度、投资、安全、标准化和文明施工、环境保护、合同档案、信息等管理和控制,审核、签发项目建设管理有关文件;

⑤根据《公路工程施工监理规范》(JTG G10—2016)的规定,完成本项目施工阶段(施工准备期、施工及交工验收期)与缺陷责任期阶段的工程全过程监理工作,做好"五控制两管理一协调"(工程质量控制、工程进度控制、工程成本控制、工程安全控制、环境保护控制、信息管理、合同及其他事项管理、组织协调);

⑥对施工图设计等各项前期工作的后续服务进行管理和评价,审定一般设计变更并报送项目业主,审核较大及重大设计变更及时上报项目业主;

⑦负责配合国家有关部门、行业质量监督、检验等部门依法进行工程质量检查、考核等工作,并负责落实整改;

⑧负责组织中间验收,缺陷责任期内的缺陷修复管理工作;

⑨负责移交完整的项目档案资料及服务期内形成的一切文件资料;

⑩负责起草和编制代建与监理融合管理工作规范,明确工作流程,并在建设管理过程中逐步总结、完善工作规范,并在项目结束后,向项目业主提供系统的、完整的工作总结报告。

3)具有特色和亮点的管理措施

(1)梁板集中预制

该项目个别标段梁板数量只有104片,全线总计1632片。为推进工厂化、标准化建设,提升预制板制造工艺,降低建设成本,提升有效投资,体现产能高效性,代建指挥部提出全线标段梁板集中预制,梁板场临建建设经费按梁板比例分摊的大胆设想。临建用地由代建指挥部牵头协调,通过多次踏勘、多方沟通、方案对比,对梁板预制场设计图纸进行了优化完善,从源头上加强监督控制。最终确定的现代化的梁板预制工厂建于G318国道西侧,二环南路、二里桥路之间,占地面积50余亩,实现了钢筋集中加工、构件集中预制、混凝土集中拌和,减少了分散作业量和野外工序量。代建指挥部对钢筋笼、混凝土拌和、预制板加工等关键项目做好事先规划,提出明确要求,确定标准化施工工艺;对施工现场做到现场指导,重点跟踪,对不合格班组及时清退,引进优秀施工班组,确保了梁板预制施工质量和进度。

(2)安全体验中心

在国、省规模的项目管理上,该项目由代建指挥部率先提出建立全线统一的安全体验中心。本项目安全培训中心采用VR(虚拟现实)与实体相结合方式开展安全体验工作,包括塔吊模型、消防器材使用、心肺复苏急救、安全防护用品认识、钢丝绳及吊具辨识、综合用电、平衡木行走、猜重、高空作业、安全带防护、墙体倒塌、安全帽撞击防护、逃生杆、高处坠落等20项相关实体体验,和火灾消防、高空坠落、脚手架坍塌事故、触电伤害、机械伤害事故等13项VR(虚拟现实)体验。安全体验培训中心由代建指挥部统一管理,各标段新进人员必须经安全体验中心的"安全培训教育"后方可入场。规模化、样板化、标准化的体验中心设置,大大节省了土地,优化了资金投入,该体验中心功能齐全,VR体验身临其境,达到了寓教于乐,有效管理的目的。

(3)"最多跑一次"改革示范

负责该项目代建和监理工作的单位为同一家企业,避免了职责不清和相互推诿现象的发生。代建与监理融合管理单位对第三方参建单位有相应的管理职责,在工程管理上由代建指挥部牵头,各相关单位配合,能及时解决工程建设中遇到的问题和困难。在代建与监理融合管理模式中,代建单位在某种程度上扮演了"一条龙"服务行政大厅的角色,大大减少了施工单位的外联工作量,提高了办事效率,真正践行了"最多跑一次"的改革。

(4)强化视频监控信息管理

为有效提升项目管理的工作效率,该项目通过引进信息化管理手段,运用可视广播的管理措施,降低了工作强度,提高了工作效率。项目全线均安装视频监控机位,监控视频实现项目线路、场站全覆盖,做到了整体监控。对野外作业的重点施工部位引进WIFI(无线信号)传输,采用移动式监控探头,细节监督画面清晰可见,施工作业数据实时记录。在此基础上,代建指挥部创新增加了实时广播干预功能,极大地约束了施工人员的违规操作。

(5)强化数据监控信息

该项目代建指挥部紧紧围绕"有效管理",集思广益,创新地引进一系列数据监控系统。

一是运用"微信小程序"管理安全临时用电,手机一扫描就能掌握临时用电管理的整个过程,实现了动态管理的目标;二是对重点关键位置,如长湖申大桥施工区域,实施封闭管理,引进门禁扫描系统,防止了无卡人员和非法持卡人员的进出,可查询任何人、任何时间在任何门出入的记录;三是混凝土配合比及搅拌时间采用实时远程监控系统,代建指挥部时时掌握一手信息,有利于工程的控制和管理;四是策划运用路面施工智能监控系统,结合高精度定位技术、传感器控制技术、无线网络传输技术,可全程监控路面的施工质量和施工效率,涵盖路面施工中从沥青改性站、混合料拌和站、混合料运输、路面摊铺、路面压实等各个环节,以信息技术为核心,结合传统筑路行业,实现"全数字化施工"。

上述技术手段的运用,将有效规范管理流程和施工标准,实现精细化施工,提升工程品质。

4)运作方式的创新点

(1)工作流程

代建与监理融合管理对原项目办与监理办的职能进行了整合,围绕质量、安全、进度、合同管理、费用等控制项目管理的核心,将质量、安全、进度、计量、变更管理窗口前移,减少中间管理审批的层级,缩短或合并部分审批节拍(如精简签认手续),压缩管理审批的步距(如强化巡视、部门提前介入、专题讨论),简化和优化工作流程,进一步提高工作效率。

该项目中对以下流程进行优化和简化:项目总体风险评估报告的审批;单位、分部、分项工程划分的审批;施工组织设计以及专项风险评估报告的批准;进度计划报批和下达程序;工程变更、索赔以及工程量清单确认审批程序;计量支付审批程序;施工现场监管(以及确认)程序。

(2)考核方式

代建指挥部为切实加强建设管理工作,提高全体参建单位的积极性和创造性,营造"比、学、赶、超"的良好施工氛围,组织开展"立功竞赛""百日攻坚""平安工地"等一系列的活动,在标化建设、质量管理、进度管理、合同管理、安全生产、文明施工、廉政建设以及信息宣传等方面进行全面的考核、评比。立功竞赛活动按每月考核、每季评比进行,代建指挥部根据工程质量、进度等管理目标在每月月初发布考核指标。与常规国省道项目不同,该项目的考核结果与信用评价挂钩,同时通过会议、文件、微信群等各种媒体予以公布,也促进了各分业主征迁工作的积极性。运用竞赛杠杆、荣誉激励作用,充分提高参建单位的规范操作、创新管理和积极性,不断带动整个项目建设再上新台阶。

5)项目试点成效

(1)有效提升专业性管理水平

通过招标选择的代建与监理融合管理单位,拥有大批专业人才,具有丰富的项目建设管理经验,熟悉整个建设流程。代建指挥部代行业主职责,能够在项目管理中发挥重要的主导作用。通过制定项目实施计划,设置风险预案,协调参建关系,合理安排工作,极大地提升项目管理水平和管理效率。可以充分利用咨询监理企业的专业技术力量,缓解项目法人缺技术人员、缺管理经验的难题,补齐交通建设人才短板,使项目管理水平得到进一步提升。同时,专业化的代建指挥部有力克服以往的"工程上马建班子、工程完工散摊子"的弊病,有利于工程经验的总结和传承。

实行代建与监理融合管理模式,代建指挥部组织机构可以深度融合,相对精简。个人承担的责任和权利更为广泛,对人员素质的要求也就更高。对代建指挥部主要管理人员的任职条件有了更高的要求,设置了更高的门槛。对普通工作人员采取以工作能力考核为主,持证上岗为辅的原则。在人员组建上,在符合相应资质条件的基础上,有项目管理、监理或施工经验者优先选用。

(2) 有效协调参建各方

代建与监理融合管理单位在建设过程中,积极主动地与"五大业主"(南太湖建设投资管理有限公司及四个分业主)就项目管理理念、工作界面衔接、《服务合同》中职责未明确部分等方面进行深度沟通与协调,最终达成一致意见,为代建与监理融合管理的顺利实施打下坚实基础。同时与项目业主、审计、设计、施工单位以及行政主管部门等外部单位建立良好有效的沟通机制,拉近各方距离,调动各方工作积极性,形成"心往一处想、劲往一处使"的良好局面。此外,各方相互配合,无缝对接。如征迁工作由各业主单位负责,代建指挥部根据项目实际情况,把征迁工作作为代建指挥部重要工作来抓,配置相关人员,有专门的分管领导负责。在实际操作中,抓住关键节点、关键路段,整理出施工优先次序,从工程技术、关键结构物等角度协助业主做好以点带面、重点突破、强化征迁和工程节点同步推进。目前该工程未发生过因征地拆迁造成关键节点、关键路线无法施工导致施工单位索赔或发生变更等事件,取得了较好的成效。

通过对参与建设的勘察、设计、检测、施工和设备材料供应商等各方实现有效管理,从而大大提高项目管理水平,并使项目法人、项目业主等建设投资单位从盲目、繁琐的管理业务中超脱出来,将更多的精力放到本职工作上去。

(3) 有效优化管理流程

明确每个岗位的权限和责任,将项目的质量、进度、安全、工程变更等目标分解到部门,落实到个人。以一岗多责、薪酬划定以岗位工资和辅助工资相结合、绩效工资与考核相挂钩、民主评分得分、安全和廉政不出问题等方式提高代建指挥部工作人员的责任感、危机感和工作积极性。在代建与监理融合管理模式的基础上敢于创新。在保证工作程序到位的前提下,项目管理和监理职责进行深度融合，监理办对外是一级机构，对内是指挥部的一个部门，该模式有效地解决了指挥部、监理办职能交叉、职责不清问题，实打实地对代建与监理融合管理模式进行全面探索，真正实现了职能不重叠、工作不重复，起到缩短流程周期、节约运作资本的作用。

（4）创新资金支付程序

"品质工程"是全国交通运输行业推进交通工程建设所倡导的新理念。本工程为首次在国省道规模上提出的项目，打破常规项目管理预付款支付程序，采用方案编制-方案审核-方案实施-验收合格支付资金这一全新流程，使代建指挥部的管理要求和建设理念得到彻底贯彻，有效规范了项目驻地、钢筋加工场、拌和场、预制梁板厂、便桥、出入路口等临建工程的标准化建设，各合同段建设达到了省内高速公路驻地、临建标准化要求，将湖州试点项目打造成了省内国、省、乡道驻地、临建标准化示范项目。

通过临建标准化、合建梁板预制厂、监控广播系统、路面施工数据监控与技术服务等一系列经审评的方案创新与实施，整体提升国、省、乡道建设水平，推进先进的建设理念，代建与监理融合管理单位不仅此是模式的探索者，同时也是新技术、新工艺、新标准的践行者。

（5）提高了工作效率

实施代建与监理融合管理模式后对代建管理和工程监理的职责进行全面梳理和整合，制定适合新管理模式特点的规章制度和实施细则，避免管理职责交叉和缺位。将监理办作为代建指挥部的一个职能部门，与综合处、工程管理处、合同管理处、安全环保处、中心试验室等并列，将原先指挥部下属的与监理职能交叉的部门精简，也简化了管理层级，从而实现责权明确、运转高效、监管有序。

代建与监理融合管理模式由原来的业主、监理、设计、施工四方变成了监管方、设计方、施工方三方，不仅中间环节减少了，而且有利于统一指挥，统一管理，统一协调，避免政出多门，减少矛盾，工作可以彻底到位，可以减少相互推诿和应付现象，做到监管高效、工作顺畅。

（6）有效节约了服务费用

传统建设模式中，人员配备分为指挥部、监理办（监理工程师、监理员、辅助人员）两部分，人员数量多；在办公设施、检测仪器设备上，指挥部、监理办分别设置。实施代建与监理融合管理模式后，可以合二为一，明显节约社会资源，减少浪费；原有模式分为建设单位管理费、工程监理费用两部分，而实施代建与监理融合管理模式以后建设项目管理费包干使用，解决了常规模式下的概算细目资金利用的困境，有效节约了服务费用。

(7)有效控制工程建设费用

就项目前期管理而言,在施工图设计期间,代建指挥部可就企业专业服务的技术优势,为业主方提供了初步设计文件咨询意见,可以配合设计单位做外业调查、帮助协调地方上的变更要求,有效减少了正式施工图出来后设计变更量。

就项目实施阶段而言,代建指挥部能充分利用母公司技术资源为建设项目设计的优化、重大技术问题的研究提供技术支撑,节约工程造价,有效控制工程建设费用。

通过代建与监理融合管理模式的试点,代建企业贯彻公开、公平、公正的原则进行了规范化管理,创新各项管理制度,将权力的行使规范化、制度化;严格落实分工负责制、责任追究制,做到管理规范、审核严格,优化设计变更审批环节,提高工程资金审批效率,有效缓解施工单位资金压力,有效铲除滋生职务犯罪土壤,有效保证了工程建设资金及时、安全支付到位。同时,通过对投入大、产出小的临建标准化等管理方式方法的一系列创新改革,既功能齐全、达到标准化建设要求、提升工程整体形象,同时节省的资源较大化地投入到更好的产品、更优化的工序、更优秀的班组上,有效提高了国省道项目的质量、安全等方面的整体品质。

5.1.5 三门试点项目

1)项目基本情况

(1)工程概况

三门项目采用代建与监理融合管理模式,浙江公路水运工程咨询有限责任公司和浙江交科公路水运工程监理有限公司组成联合体中标,中标价为2403.3万元。本项目受项目法人委托,代建与监理融合管理单位依据合同承担工程质量、安全、进度等建设管理具体工作及施工监理,并接受建设指挥部监督管理。政策处理、资金管理由建设指挥部直接管理。

228国道三门园里至宁海一市段公路工程,是《国家公路网规划(2013—2030年)》228国道丹东—东兴的组成部分。本项目路线全长7.1km,起点位于74省道三门县园里村附近,跨海游港后进入滨海新城,改建利用滨海新城金鳞大道约2.1km,跨旗门港后进入宁海县境内,终点位于宁海县一市镇龙头山东侧旗门港大桥北桥头。新建路线长5.0km,采用双向四车道一级公路标准,设计速度80km/h,路基宽度24.5m,桥梁宽度24m。设特大桥两座,其中海游港特大桥桥长1532.76m,主桥采用76m+135m+76m预应力混凝土变截面连续箱梁;旗门港特大桥桥长2239m,主桥采用90m+210m+90m双塔双索面斜拉桥;引桥均为40m、50m先简支后连续T梁。工程总投资约9.5亿元。本项目以旗门港特大桥主跨跨中为界,跨三门、宁海两地,其中三门段5.8km,宁海段1.3km。

(2)项目部的机构、人员情况

代建指挥部实行指挥长负责制。设指挥长1名,对项目代建管理全面负责,总工、副总工1名,副指挥兼总监1名,协助指挥负责相应管理职责。工程监理实行总监负责制不变,但监理机构不再单独设立,总监兼任代建机构负责人之一。

设综合部、技术合同部、安全环保部、工程监管部、中心试验室"4部1室"为常设部门,根据分部分项工程技术复杂程度、施工集中区域分布情况及施工进展情况设置若干现场监管组。三门项目组织构架见图5.4。

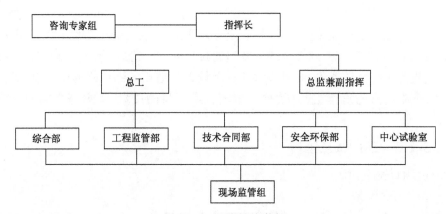

图5.4　三门项目组织构架

现场监管组由技术员、监理员组成,常驻现场;受"4部1室"指派,完成指定区域内的巡视、旁站工作及其他指定工作;协助"4部1室"进行现场确认、现场验收;组成现场监管组的技术员、监理员根据工程进展情况进退场。

为协助代建指挥部解决技术和管理难题,公司组建专为本项目服务的咨询专家组,需要到场开展包括变更组价、受力计算及其他复杂技术工作在内的咨询服务,咨询专家组纳入公司管理体系。

(3)项目法人基本情况

本项目法人为浙江省三门县交通建设投资有限公司(宁海段委托三门县代建),属于三门县下属国有股权控股有限公司,主要从事交通建设工程投资管理。实际资金、政迁管理单位及建设管理监督单位分别为:G228国道三门园里至宁海一市段公路工程建设指挥部(三门)、G228国道下陈至三门界段工程建设指挥部(宁海)。

本项目分属三门、宁海两地,宁海段工程委托三门县代为建设管理,但属地内工程的资金管理、政迁工作、职能部门衔接等各自负责,需建立必要的管理程序。

2)试点分析内容

(1)模式的可行性

本项目采用代建与监理融合管理,可充分利用代建单位的技术和有经验的专业管理人员,缓解项目法人难以临时组织到理想专业管理人员的难题。代建与监理融合管理模式下,项目投资人不直接参与项目建设管理,代建与监理融合管理单位通过制定项目实施计划,设置风险预案,协调参建关系,合理安排工作,有效统筹项目总体建设管理。

(2)机构的合理性

本项目的公路工程代建与监理融合管理机构设置为"4部1室",即包括综合部、技术合同部、安全环保部、工程监管部、中心试验室。监理各专业,根据部门职责分工融入代建指挥部管理体系,纳入相应管理部门,减少管理层级,优化管理机构,提高管理效率。具体为:监理合同工作并入代建指挥部技术合同部;监理安全环保工作并入代建指挥部安全环保部;监理试验工作并入代建指挥部中心试验室;监理档案综合工作并入代建指挥部综合部。

(3)管理的专业性

代建与监理融合管理模式,使项目管理和监理两者在项目实施过程中更好地进行专业性融合,避免相同职能部门重复设置和管理职能交叉,简化工作程序,提高管理效率;专业化的管理可通过约束激励机制,优化设计控制变更,更有效控制项目投资。

3)具有特色和亮点的管理措施

(1)建立目标管理体系

本项目建设管理总体目标是:以管理模式创新,推进工程建设创优。即通过代建与监理融合管理模式实施建设管理,提高管理效率,在完成合同约定的管理目标、工作任务,最终顺利完成项目移交的基础上,工程建设全面创优。具体为:

①建立目标方向一致,环环相扣,相互配合,协调统一的目标体系。

②将项目管理目标按管理层级层层细化、分解成组成各层级的部门或个人的管理目标,根据工程建设进程,将各层级的部门或个人的管理目标分解成阶段性目标,从而形成层次分明的目标网络。

③项目管理目标根据项目实施总体环境、日常管理工作量,以及对项目实施的难点、重点及风险进行分析,以通过项目管理团队的努力能达到为原则确定。

细化分解后的目标切合实际,表达清晰并宜于考核。

(2)明确管理责任

①根据法律法规规定汇总传统模式下项目业主的管理责任;根据委托服务合同,摘出代建与监理融合管理模式下项目业主责任;剩余项目业主责任即为代建与监理融合管理模式下建设单位管理责任,与项目业主之间职责界面清晰。

②汇总建设单位责任与传统模式下工程监理责任,合并相同责任项并梳理后,形成项目代建指挥部管理责任,全覆盖、不重叠。

③根据项目代建指挥部机构、岗位设置,将项目代建指挥部管理责任分解至各部室、各岗位,各岗位责任清晰明确。

(3)完善管理、制度体系

①随着代建与监理融合管理模式的运行、项目法人相关单位之间关系的理顺及工作关系的磨合,项目代建指挥部与项目法人单位之间的职责界面更加清晰,工作流程更加顺畅,监督管理体系不断完善。

②以符合招标文件要求的投标书项目管理方案为基础,编制可执行的项目管理计划,明确工作程序、制定管理制度、统一管理用表,并随着工程进展和上级新要求,补充完善监理细则及新规定,不断完善各参建单位间的建设管理体系。

③针对项目管理中出现的新问题,不断优化管理结构、工作机制,代建指挥部内部管理体系逐渐完善。

(4)实施创优规划

①无论从省重点工程、代建与监理融合管理模式试点还是从区域影响角度,本工程建设的目标为创优。

②项目规模、施工区域集中,具备创优条件。

③在参建单位资质实力方面,具备创优条件。

④保证全过程创优、全方位创优,才能保证各项创优活动的一致性和互动性,才能保证创优活动切实取得成效。

⑤以管理模式创新,促进工程建设创优,继而将创优工作作为重要抓手,推动本项目建设各项工作全面提升。

⑥项目伊始即谋划,并重视信息宣传,将创优思路贯彻各参建单位、影响相关单位,形成合力共谋创优。

(5)发挥公司技术支撑作用

①在项目前期即组建项目咨询专家组,充分发挥母公司咨询、设计团队优势,对设计方案的合理性进行咨询,对设计图纸提出优化建议,有效控制工程造价。

②在项目管理过程中,充分利用公司咨询技术优势,通过项目咨询专家组,对关键性施工难点和控制重点提供技术咨询,对重大技术工作进行指导,提出对策、建议和意见,增加项目技术管理信心,强力支撑项目技术管理工作。

③利用公司资源优势,组织参建单位到相似项目交流,提高对难点、关键工程的施工管理水平。

(6)引导重大施工方案调整

在实施性施工组织设计中,本项目旗门港特大桥(斜拉桥)为关键工程,以主跨跨中为界,分别从三门、宁海两侧打通施工便道,通过栈桥相向同步推进。但宁海侧施工便道必须穿越生态保护林,占用林地审批手续办理的持续时间较长,使宁海侧无法按期进场施工,从而影响旗门港特大桥整体工期。为此,项目代建指挥部对项目部从临时设施建设的技术经济可比性、施工管理的集中性及整体工期可控性等方面进行分析、引导,使项目部从三门侧通过增加栈桥及通航提升站的方式,打通了到达宁海侧的通道,减少了宁海侧临时设施建设的数量,降低了旗门港特大桥整体工期损失。

(7)突出社会专业化管理

①强调契约精神,注重合同严肃性。在传统建设管理模式中,建设指挥部一般由政府部门组建,行政命令式、情理式倾向较强,如涉及费用、工期等疑难问题一般拖到工程末期协商解决。而本项目引入代建与监理融合管理模式的社会专业化管理后,项目代建指挥部按照合同约定代行项目建设主体职责,是项目建设管理现场的唯一管理者,在权限范围内,根据法律、法规和行业规范的要求,按照自身管理制度和经验独立完成工程建设管理及工程监理工作,强调契约精神,时效性较强。因此,本项目包括工期索赔在内的所有变更、索赔都在规定期限内完成程序。

②发挥专业管理优势、前瞻性引领作用,有效运转预警机制。以目标管理体系为基础,建立工期、质量、安全及资金等风险预警机制,及时统筹分析项目建设现状,对可能出现的异常风险,提早敦促项目部采取有效措施防范,发现可能出现较严重风险时,及时示警施工企业,督促施工单位调整施工组织,优化资源配置,同时,积极与公司及项目业主汇报沟通,并采取一致、有效的监管措施,减少、避免各类风险发生。

③发挥专业管理优势,及时提供合理化建议。在施工准备、方案措施报批及施工过程中,发挥施工技术、管理等专业优势,提出针对性的合理化建议,督促项目部采取更适合的施工措施,保障工期、质量及安全。

④引入项目数字管理系统。项目进场后,根据招标文件要求,引建了项目管

理信息系统。该系统主要由计量、变更、考勤、预应力张拉、试验数据采集以及视频监控等多个模块组成,系统具有报表审批、统计、查询、打印等功能,并结合远程视频能实时了解现场施工情况。但该系统最大的不足是对于工程现场日常管理工作没有有效的管理功能,如工序检验。为加强对现场的管理,项目代建指挥部引进了数字管理系统。该系统以现场日常管理工作为背景研发,包含监理工作管理和施工工作管理两套子系统,做到监理与施工互动。系统由综合、质量、安全三大模块组成,又由三大模块结合现场管理分解成若干个小模块,如:质量模块由旁站、巡视、指令、隐患查询、首件工程、工序报验、试验抽检等小模块组成;安全模块由安全巡视、安全指令、隐患排查等小模块组成。系统通过智能化移动终端以GNSS定位、录像、照片、录音和文字录入等形式随时随地、便捷地对监理人员的工作轨迹,工作成果及现场施工质量、安全情况进行记录,通过网络上传至云端数据管理平台,实现数据共享、数据溯源、统计分析、浏览打印、行为管控和远程监管等功能一体化的监理工作影像应用管理系统。系统由记录仪、数据采集站、云监理管理平台等软硬件组成。基于互联网和物联网技术,采用最新科技的"云+端"系统架构,以移动4G网+移动摄像机的解决手段构建而成。通过手机APP中的各项功能模块实现监理工作的分类拍摄,通过在界面中选择和输入同步加载影像识别信息和监理的工作信息,并对数据进行处理、分析及应用,可实现对数据的检索查询、轨迹分布、统计打印、信息管理、分析预警等管理功能。

(8) 统筹推进"品质、平安"等主题建设

①严格临时设施标准化建设的方案报批、验收与计量,重视硬件设施的管理、保养,使临时设施标准化贯穿始终。

②落实"首件认可制",发扬"工匠"精神,以"美丽班组"建设为统领,强化施工工艺标准化。

③严格措施报批、强化过程控制、重视总结提高,高起点严要求,推动"品质工程"建设、"四好公路"建设。

④强化本质安全,以落实安全措施为基础,以创建"平安工地"示范为手段,实现安全管理目标。

4) 运作方式的创新点

(1) 工作流程

建设管理、工程监理深度融合,缩短工作流程;加强党建廉政建设及团队建设,减少工作流程人为障碍;完善工作流程设计,工作程序、职责在管理制度中明确,明确主导、体现制衡,工作流程流畅、职责清晰;制定代建指挥部内部工作流

程,提升内部工作效率。

(2) 内部考核方式

结合招标文件要求、公司管理制度,本项目采用以岗位职责完成情况、纪律遵守情况、出勤情况、上级检查反馈情况等为基础的综合考评办法;采用月终考评、年终发放的奖励机制;考核结果决定年终各类先进评比结果。

(3) 明确监理工作的融合定位

项目实行指挥长负责制,建设管理与工程监理深度融合,监理机构虚设;代建指挥部人员既是建设管理人员,也是监理人员,应树立主动管理意识,发挥专业管理优势;以岗位准入为原则,应明确监理工程师签认的岗位由相应资质水平的专监担任;鼓励其他人员持有相应监理证书。

(4) 建立相适应的档案管理体系

根据《公路工程竣(交)工验收办法实施细则》(交公路发〔2010〕65号)等有关法律法规规定的公路工程项目文件归档范围进行文件材料立卷归档管理工作;档案总体按照实施细则的附件2《公路工程项目文件归档范围》结合代建与监理融合管理特点确定。同时以综合、进度、质量、安全、合同等职能类别具体划分;各职能部门还根据专门规定建立台账,如安全生产管理台账。

5) 项目试点成效

(1) 精简了人员与机构组成

设驻地一处,较传统模式相比,节省了驻地建设费用及辅助管理费用。设"4部1室",建设管理与工程监理深度融合,减少了管理机构和管理层级,提高工作效率。配备技术管理人员18人(其中专监/工程师以上人员10人),均具有项目管理、监理或施工经验。与传统模式相比,减少了人员投入,提高了综合素质。

(2) 完善了职责制度

与项目业主之间职责界面清晰,即业主主要负责征地拆迁、筹措并落实建设资金、对代建指挥部的考核与监督等工作,负监督责任;代建单位负责工程建设管理与工程监理工作,负管理责任。项目代建指挥部职责清晰,各部门、岗位职责明确。制度汇编成册,制度体系全面、协调,并随着新要求、新规定不断完善。

(3) 理顺了工作流程

因职责界面清晰,代建指挥部与业主及各政府职能部门之间的工作流程顺畅。因制度健全、职责明确、工作程序简洁清晰,代建指挥部与参建单位之间的工作流程顺畅。因机构设置合理,人员职责清晰,代建指挥部内部工作流程顺畅。

(4)优化了工作方案

①加强目标管理的制度建设,规范目标管理行为,提高目标管理的质量和效率。目标管理制度在符合法律法规规定的同时,与目标管理网络统一并形成目标管理的制度体系,目标管理制度将全员参与,追求公平,同时务实、可操作。

②加强效能监察、完善工作机制。为了实现管理目标,按照目标管理制度,依据岗位职责开展的目标管理活动,形成目标管理工作机制,工作程序和运行流程不断完善,促进工作效率的提高。

③完善薪酬体系及激励机制。实施合理的薪酬体系和适当的奖惩措施相结合的方式,有效提高从业人员积极性,进而提高工作效率。

④加强团队建设。目标不是孤立的,任何部门和个人的目标都和其他组织相关联,项目代建指挥部将加强团队建设,做好信息互通,各部门及个人相互协调、互相帮助,稳定团队形成合力,直至顺利实现项目管理各项目标。

(5)深入落实监管措施

施工单位受业主委托承担施工任务,是工程施工管理的第一责任人,代建指挥部在督促项目部落实施工单位质量安全主体责任的同时,依次分析施工技术难点、施工管理重点、项目管理重点,拟定并落实对应监管措施:

①分析施工技术难点,拟定并落实对应监管措施;

②施工技术控制难点必然是施工管理的重点,除此之外,虽然工程技术相对而言不难,但如疏于监管,仍将给工程施工质量、安全及工期等带来较大影响,也应将其纳入施工管理重点,同时拟定并落实对应监管措施。

(6)提高了工作效率

管理层级减少,工作程序精简,提高了工作效率。社会专业化管理对工作时限有要求,且各岗位权限、责任清晰明确,增加管理人员的责任感、危机感,提高工作效率。管理人员专业水平提升,提高了工作效率。有效的考核激励机制促进管理人员的工作积极性,也提高了工作效率。

(7)降低了服务费用

与传统模式相比,采用公路工程项目文件归档范围模式后,合并优化了管理机构,减少了驻地建设及相关辅助费用;精简了人员,降低了行政性支出,减少了社会资源浪费。

5.2 试点效果分析

三个试点项目均由浙江公路水运工程咨询有限责任公司(浙江交科)派出骨干技术管理人员在项目所在地设立代建指挥部,负责具体的现场监管工作;均

第5章　代建与监理融合管理模式的试点应用

在施工招标后开展代建与监理融合管理工作,主要是对代建与监理融合管理单位如何有效履行相应合同、建设管理和监理职责等方面进行了有效的探索。

综合三个试点项目的组织机构,设置原则基本遵循以下三点:一是针对项目管理内容,项目管理组织机构模式采用合适的管理层次和管理跨度,精简管理层级,最大限度地满足管理需要,提高管理效率。二是部门和岗位职能划分遵循不重叠、无空白原则,整合管理职责,将工程监理与项目管理有机融合,充分考虑关键管理工作在不同部门、岗位间的制衡关系,并尽可能避免产生不必要的协调工作量,减少管理成本。三是本着"职能齐全、精干高效"的原则,内设机构设置时综合考虑计划、合同、综合、技术、质量、安全、财务、征迁、纪检等职能要求;管理机构的岗位和人员编制以充分满足管理任务要求、人员满负荷工作为原则。

在对浙江省公路工程代建与监理融合管理试点项目验证分析的基础上,进一步提炼代建与监理融合管理模式的应用效果。

1)机构、人员与办公面积配置分析

传统的项目管理方式就是分别设置独立的指挥部和总监办,各自建立组织机构,配备一大批管理人员,机构重复设置,人员重复配置,职责不清,通信、检测、办公等设备重复配置,浪费了大量的人、财、物和信息等社会资源,未能实现资源的最优化配置。代建与监理融合管理模式下,代建与监理办公、后勤合并,普通工作人员减少,可减少房租、后勤行政性开支,减少普通人员工资性支出,管理费用可以更好地用于聘用高级管理人员及工程管理设备的投入,更有利于服务工程管理。

如图5.5所示,在代建与监理融合管理模式下,管理机构的岗位和人员编制以充分满足管理任务要求、人员满负荷工作为原则,组建了适合试点项目特点的代建指挥部,试点项目(临安、湖州、三门)较传统管理模式的管理人员数量分别减少了28.2%、31.7%、30.8%。如图5.6所示,试点项目(临安、湖州、三门)每km所需的管理人数分别较传统管理模式减少了0.5、0.5、1.2,从三个试点项目在机构设置和人员配置上进行分析,代建+监理模式下的人员投入大约可以减少30%,且办公设施、场地无须重复设置,人、财、物和信息等社会资源得到节约。

如图5.7所示,通过调查,浙江省内近几年来的高速公路或国省道公路项目管理内部机构总数量(指挥部+监理办)取值为12~17个;而代建与监理融合管理模式下的三个试点项目的代建指挥部内部机构数量为7~8个,机构精简了35%左右。这样既精简了管理机构数量,又优化了机构的合理配置。

141

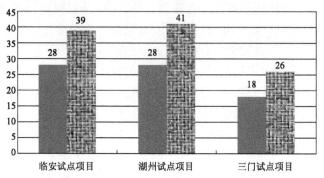

图5.5 试点项目代建与监理融合管理与传统管理模式人员数量比较

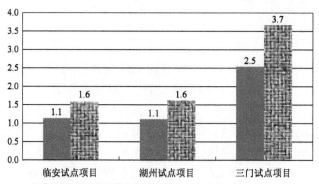

图5.6 试点项目代建与监理融合管理与传统管理模式的每km管理人数比较

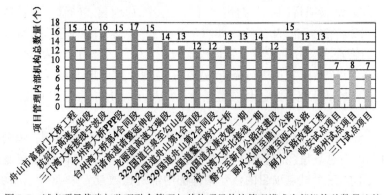

图5.7 试点项目代建与监理融合管理与其他项目传统管理模式内部机构总数量比较

第5章 代建与监理融合管理模式的试点应用

从管理人员的办公面积来看,如图 5.8 所示,代建与监理融合管理模式的办公面积均低于传统管理模式项目的管理单位与监理办的办公面积总和,代建与监理融合管理模式在总办公面积节约方面具有明显的优势。在人均办公面积方面,如图 5.9 所示,试点项目代建与监理融合管理模式下,人均办公面积约 25m²,比 17 个传统管理模式项目都要少,由此可见,代建与监理融合管理模式下的人均办公面积总体较低,故该模式在人均办公面积节约方面具有明显的优势。如图 5.10 所示,每万元代建＋监理服务费的办公面积分别为 0.21m²、0.16m²、0.19m²,而每万元传统监理费与建设单位管理费总和的办公面积均大于代建与监理融合管理模式,这也从另一个侧面说明代建与监理融合管理模式的每万元代建＋监理服务费的办公面积较传统项目有优势,更加节约社会资源。

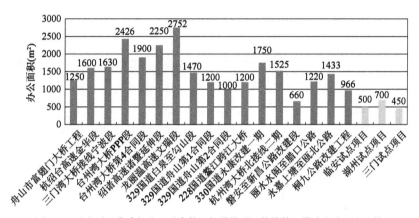

图 5.8 试点项目代建与监理融合管理与其他项目传统管理模式办公面积比较

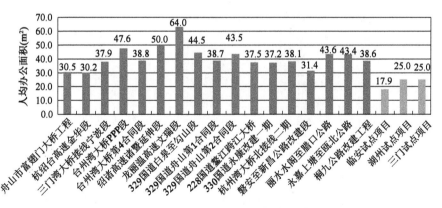

图 5.9 试点项目代建与监理融合管理与其他项目传统管理模式人均办公面积比较

143

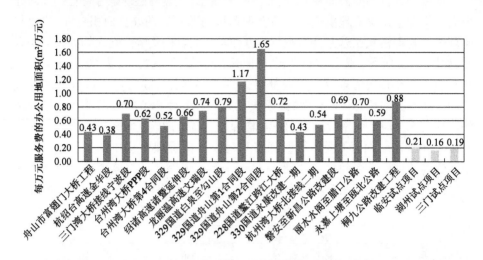

图5.10 试点项目代建与监理融合管理与其他项目传统管理模式每万元服务费的办公面积比较

以浙江省公路传统管理模式的常规办公面积(项目办与监理办合计)情况为基础,结合试点项目情况,大致估计试点项目按传统管理模式所需的办公面积(图5.11),如图5.12～图5.14所示,分别进行代建与监理融合管理模式与传统管理模式的人均、每万元项目服务费对应的、每公里办公面积的比较,比较结果表明,代建与监理融合管理模式具有显著的节约办公面积的优势,办公面积较传统管理模式节省了57%左右。

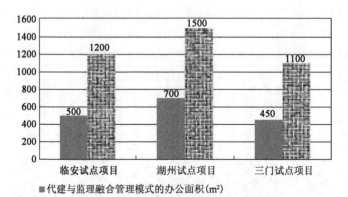

图5.11 试点项目代建与监理融合管理与试点项目传统管理模式办公面积比较

第5章 代建与监理融合管理模式的试点应用

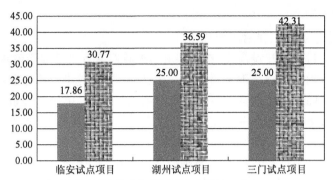

图5.12 试点项目代建与监理融合管理与试点项目传统管理模式人均办公面积比较

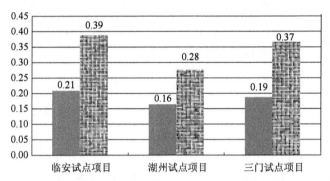

图5.13 试点项目代建与监理融合管理与试点项目传统管理模式的每万元服务费对应的办公面积比较

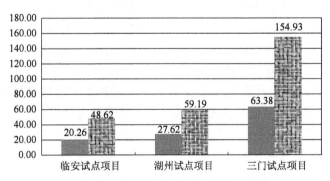

图5.14 试点项目代建与监理融合管理与试点项目传统管理模式的每km办公面积比较

2)管理费用分析

(1)有利于合理安排管理费用

按工程项目常规建设模式,指挥部由当地政府或者主管部门单独筹建组成,监理业务通过招标选择监理公司承担。在这种模式下,建设单位管理费捉襟见肘,入不敷出,而工程监理费招标后尚有节余,导致建设单位管理费不足和工程监理费尚有节余的现象并存。在代建与监理融合管理模式下,减少了工资性开支与行政性开支,减少了社会资源的浪费。

(2)有利于减少设计变更,能合理控制工程建设费用

在施工图设计期间,代建指挥部就可以借助代建公司的技术优势,为业主方提供了初步设计文件咨询意见,可以配合设计单位做外业调查、帮助协调地方上的变更要求,有效减少了正式施工图出来后设计变更量。根据《代建合同》明确业主和代建与监理融合管理单位的责、权、利,增强了代建与监理融合管理单位的责任心和积极性,代建指挥部能充分利用母公司技术资源为建设项目设计的优化、重大技术问题的研究提供技术支撑,节约工程造价,合理控制工程建设费用。

(3)节约工程管理成本

在代建与监理融合管理中,其服务费进行打包式计算,现有的三个试点项目一般采用如下形式打包:取批复概算中的建设单位管理费+监理费总计的60%~80%。在图5.15中,将试点项目的代建与监理融合管理服务费占批复概算的比例与其他项目传统管理模式进行纵向比较,总体差距不大。从这一点来看,试点项目的优越性并不明显,因为各公路项目的性质、技术等级、技术复杂性等均不相同,故采用纵向比较的意义不是很大,还是应以各试点项目服务费用的横向比较为主要依据进行优势分析。如图5.16所示,通过各试点项目的代建与监理融合管理模式与试点项目传统管理模式的服务费用进行横向比较可知,按代建与监理融合管理模式,三个试点项目服务费用大约分别可节省22.4%、21.4%、20%,从而达到节约工程管理成本的目的,采用该管理模式较传统模式的服务费用具有明显优势。此外,由图5.17可知,由于三个试点项目的工程技术等级、结构物情况等差异性较大,因此每km服务费用指数相差较大,故此指数在不同项目中指导意义并不大,一般适合于项目自身与传统管理模式进行比较时才有较大意义,从这个角度来看,代建与监理融合管理模式较传统管理模式的每km服务费指数均有优势。

3)管理人员素质分析

实行代建与监理融合管理,在代建指挥部组织机构相对精简的同时,个人承担的责任和权利更为广泛,对内部管理人员素质的要求也就更高。

第5章 代建与监理融合管理模式的试点应用

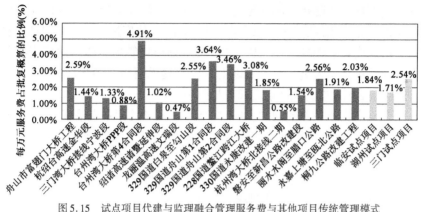

图5.15 试点项目代建与监理融合管理服务费与其他项目传统管理模式
服务费占批复概算的比例比较

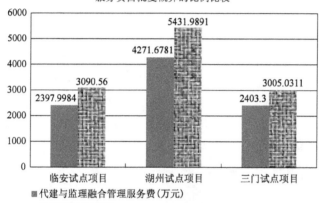

图5.16 试点项目代建与监理融合管理与试点项目传统管理模式的服务费比较

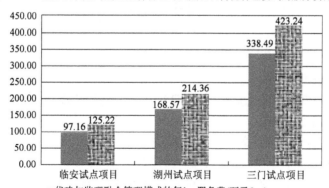

图5.17 试点项目代建与监理融合管理与试点项目传统管理模式的每km服务费指数比较

147

各试点项目的代建指挥部领导层(指挥长、总工、总监等)均具有10年以上的公路建设行业从业经验、高级以上专业技术职称,从事过2个以上同类或更高层次的项目建设管理领导工作,具有丰富的工程项目管理经验。代建指挥部的管理人员和现场技术人员具有5年以上的公路建设行业从业经验、中级以上专业技术职称,从事过同类项目建设管理与监理工作。

在符合相应资质条件的同时,基于提高管理人员的薪水水平基础上,优先选择有项目管理、监理或施工经验的高素质高技能人才,从而达到提高代建指挥部管理人员整体水平的目的。从而保持一支专业、稳定、全职的专业化管理队伍,提高项目管理人员的综合素质,更好地完成代建与监理融合管理工作。

4) 基本代建与监理融合管理服务费取值分析

以临安试点项目为例进行成本分析(工程如期完工情况下),如图5.18所示。

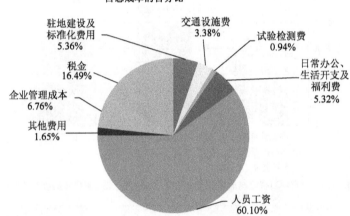

图5.18 试点项目成本分析

各部分费用组成如下:

①驻地建设及标准化费用组成:房租费、建房费、装修费、办公、生活设施购置折旧费、水电物业费。

②交通设施费组成:交通工具购置(含牌照费)折旧费、车辆年检与保险费、车辆维修与保养费、交通工具租赁费、燃油费。

③试验检测费组成:试验测量设备购置折旧费、试验测量设备租赁费、仪器设备维护标定费、外委试验费。

④日常办公、生活开支及福利费组成:办公费、生活与劳保用品(含服装)

费、伙食费、体检费、高温补贴费、差旅费、培训费、探亲交通费。

⑤人员工资组成：工资、社保、公积金、意外险、工会经费、职工教育经费。

⑥税金组成：营业税、附加税、所得税。

⑦企业管理成本组成：企业管理成本。

⑧其他费用组成：业务接待费、会务费、专家评审费、科研费（技术服务费）、信息化费。

通过临安试点项目成本分析可知，本项目按照合同施工期正常完工并交工时，代建与监理融合管理的总成本为1457.29万元，中标的代建与监理融合管理服务费为1797.9984万元，即项目利润率为18.95%。

试点项目代建与监理融合管理服务费占传统服务费比例如图5.19所示。由图可知，三个试点项目的服务费占相应传统费比例的平均值为78.7%，综合三个试点项目得到的服务费系数 R 为0.7922，从而得出基本代建与监理融合管理服务费公式中的权重与服务费系数取值的相对合理值。

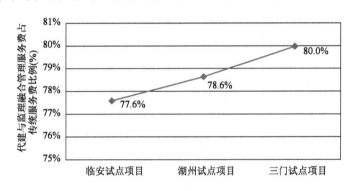

图5.19 试点项目代建与监理融合管理服务费占传统服务费比例

5）工作效率分析

在公路建设项目的施工期内，代建与监理融合管理模式要求代建职能和工程监理职能有效地融合在一起，减少多头管理和管理层级，有利于项目管理目标在项目实施阶段得到较好的贯彻。在保证工作程序到位的前提下，指挥部和监理办融合办公。监理办对外是一级机构，对内是指挥部的一个部门，该模式有效地解决了传统指挥部、监理办职能交叉、职责不清问题，极大地简化工作环节，提高了工作效率。

代建单位和监理单位为同一家企业具备双资质，或上下级母子公司，或绝对控股关系，避免了相互推诿和扯皮现象的发生。代建与监理融合管理单位对第三方参建单位有相应的管理职责,在工程管理上由代建指挥部牵头,各相关单位配合,能及时解决工程建设中遇到的问题和困难。代建与监理融合管理单位在某种程度上扮演了"一条龙"服务行政大厅的角色,大大减少了施工单位的外联工作量,提高了办事效率,真正践行了"最多跑一次"的改革。

以划责任田的方式明确每个岗位的权限和责任,将项目的质量、进度、安全、工程变更等目标分解到部门,落实到个人。一岗多责,绩效工资与考核相挂钩,增加工作人员的责任感、危机感和工作积极性。

6) 投资费用控制分析

各项管理工作都应严格根据合同中规定的责任与权利有针对性地开展,特别是在对公路建设项目成本进行控制的过程中,作为专业队伍,代建与监理融合管理单位可以在设计阶段直接介入设计管理,在设计阶段对投资进行控制,为杜绝项目的"三超"(概算超估算、预算超概算、结算超预算)现象提供可靠保证,进一步提高投资效益。

在代建与监理融合管理模式下,代建指挥部可借助咨询监理公司的技术优势,为工程建设各个环节提供咨询意见。在工程实施过程中,可借助咨询监理公司专业技术力量的配合有效减少设计变更量。

7) 廉政风险分析

在代建制中,立项、投资、建设、使用和监管各个阶段都被分离并由不同主体负责:投资主管部门立项,财政部门投资,项目管理公司建设,使用单位使用,行业主管部门与审计机关监管。

代建与监理融合管理模式更合理地划分了政府和市场的职能:政府负责出资和监管,项目管理公司负责建设并承担成本、质量和工期控制的责任。政府权力得到了约束,通过招标投标选出代建单位的过程较为透明,能在一定程度上制约腐败。此外,迫于竞争的压力,项目管理公司也会努力总结管理经验、降低管理成本。

5.3 试点优势总结与比较

5.3.1 试点项目优势总结

通过试点项目实施的效果进行分析,可以总结出代建与监理融合管理模式在以下方面具有明显的优势。

(1) 办公面积

面对面办公,一套机构一套班子,办公面积节省约57%,从而在办公费用投入上得到最优化节约,为公路工程建设提供有力的保障。

(2)管理人员

管理人员结构优化了约30%;解决了旧模式下机构解散后,人员回归原单位没有岗位、留下来也发挥不了作用的问题;有利于工程经验的总结和传承。

(3)管理费用

管理费用节约10%~40%,投资控制得到有效落实。在传统管理模式下的管理费用相对较高,通过代建与监理融合管理,实现了费用大幅降低,为公路工程建设保驾护航。

(4)管理机构

机构精简了35%左右,建设单位由原来的业主、监理、设计、施工4方变为监管方、设计、施工3方。组织架构现为4部1室(综合部、合同部、安全环保部、工程监管部、中心试验室);管理程序由垂直的转化为融合的;管理模式更加凸显专业化、社会化、市场化;代建与监理职责有效融合,充分发挥机构的作用。

(5)进度管理

能及时介入工程项目管理,克服征迁与拆迁的影响,保障工程进度;进度目标分解到部门,落实到个人;两办深度融合,面对面办公,有效推进项目进度。

(6)合同管理

为合同管理提质增效,为工程变更办理提供及时性保障;同步节约投资,优化方案,使合同管理更加高效便捷。

(7)质量管理

代建与监理机构有效融合,形成4部1室的高效管理架构,提供高质量的技术和管理咨询服务;现场管理人员由专业化水平高的技术骨干组成,聚焦施工现场监管。

(8)工作效率

机构数量减少、变更流程简化、计量规范、支付及时;大大减少了施工单位的外联工作量,提高了办事效率,真正践行了"最多跑一次"。

5.3.2 各类建设管理模式优势比较

前文总结出了五种公路工程建设管理模式并在试点项目中进行了优势比较,下面就这五种管理模式的定义、组织机构、典型案例、模式特征、选用方式、单位属性、实施阶段、工作范围、合同方式、地位与作用、工作职责、权利与义务、适用范围、优缺点等进行全面性地比较分析,见表5.1。

公路工程建设各类管理模式比较　　　　表 5.1

模式名称	传统工程建设管理模式	业主自管模式	传统代建管理模式	代建、监理一体化管理模式	代建与监理融合管理模式
模式定义	由具备相应专业能力的建设管理法人统一负责项目建设管理的全部工作	是由业主统一领导管理，将项目管理与工程监理的职责充分融合，实现公路工程建设项目的监管合一	使用具有更专业、更先进项目管理技术、管理手段和管理思想的项目管理企业代替政府庞大的临时机构	是项目法人委托符合资格标准、具有相应管理能力和监理能力的代建单位承担项目部分建设管理和全部监理工作的公路项目建设管理模式	将代建与监理工作深度融合，由承包人承担代建与监理职责，精简管理人员，优化管理流程，开展项目部分建设管理和全部监理工作的公路项目建设管理模式
组织机构组建方式	①组建临时指挥部；②从相关政府、事业单位、国企抽调管理人员	①组建临时指挥部；②从相关政府、事业单位、国企抽调管理人员	①代建单位组建代建指挥部；②代建单位公司抽调内部人员	①代建单位组建代建指挥部，监理单位组建总监办；②代建单位公司抽调内部人员	①代建单位组建代建指挥部；②代建单位抽调内部人员
组织机构特点	①政府派出的临时性工程建设指挥部；②设置指挥部负责人，办公室、纪检室、总工办、综合办、计划合同管理处、工程管理处、财务处、安全管理处、征迁协调处、档案室(可综合办兼)	①政府派出的临时性工程建设指挥部；②设置指挥部负责人，办公室、纪检室、总工办、综合办、合同处、工程监督处、财务处、安全处、征迁处	①代建单位替代临时性工程建设指挥部；②设置代建指挥部负责人，办公室、纪检室、总工办、综合办、计划合同管理部、工程管理部、财务部、安全管理部、档案部(可综合办兼)	①代建单位与监理单位为两套独立机构；②总工办与总监办分开办公；③设置代建指挥部负责人，总工办下设纪检处、合同管理处、征迁协调处、综合处、财务处，总监办下设工程部、测试部、材料部、安全管理部	①将代建单位与监理单位合二为一，总工与总监进入指挥部领导层；②设置代建指挥部指挥长、总工、总监，设置"4部1室"，即综合部、合同部、安全环保部、工程监管部、中心试验室等，根据项目复杂程度和标段划分情况设置若干现场监管组
竣工后组织机构去向	指挥部的部分人员回自己原单位、部分人员进入工程项目运营管理单位	指挥部的部分人员回自己原单位、部分人员进入工程项目运营管理单位	机构解散，人员回企业单位	机构解散，人员回企业单位	机构解散，人员回企业单位

续上表

模式名称	传统工程建设管理模式	业主自管模式	传统代建管理模式	代建、监理一体化管理模式	代建与监理融合管理模式
典型案例	建设指挥部	自管指挥部	代建指挥部	江西井睦高速、海南琼乐高速、新疆麦喀高速监管一体化	浙江临安城西科创产业聚集区公路代建+监理融合管理等
模式特征	业主	业主	业主代理人	合署办公、肩并肩管理、两套机构两套班子、职责分离	面对面办公，一套机构一套班子，职责融合
选用方式	项目建设自管	项目建设与监督自管	招标	指定、委托、招标	招标
单位属性	临时组建机构	临时组建机构	企业	企业	企业
实施阶段	全过程（决策阶段、实施阶段、使用阶段）	全过程（决策阶段、实施阶段、使用阶段）	实施阶段	决策阶段、实施阶段	决策阶段（目前还未实施）、实施阶段
工作范围	投资、招标、可行性研究、工程设计、征迁土地、环保等，开展质量、进度、费用、安全、合同、环保、档案、信息等监管，组织交竣工验收、运营管理	投资、招标、可行性研究、工程设计、征迁土地、环保等，开展质量、进度、费用、安全、合同、环保、档案、信息、审批备案等监管，组织交竣工验收、运营管理	行使质量、进度、费用、安全、合同、环保、档案、信息等监管，协助项目业主完成征迁、较大及重大变更、资金支付、交竣工验收	行使质量、进度、费用、安全、合同、环保、档案、信息等监管，组织交竣工验收，协助项目业主完成征迁、较大及重大变更、资金支付等，参与部分的招标（可行性研究、工程设计、工程施工等）	行使质量、进度、费用、安全、合同、环保、档案、信息、旁站等监管，组织交竣工验收，协助项目业主完成征迁、较大及重大变更、资金支付等，参与部分的招标（可行性研究、工程设计、工程施工等）
合同方式	—	—	业主与代建指挥部签订合同	业主与代建公司、监理公司签订合同	业主与承包人签订合同
地位与作用	项目法人，主导作用	项目法人，主导作用	被委托方，辅助作用	被委托方，辅助作用和旁站作用	被委托方，主导作用

续上表

模式名称	传统工程建设管理模式	业主自管模式	传统代建管理模式	代建、监理一体化管理模式	代建与监理融合管理模式
工作职责	①可行性研究与工程招标；②完成征地拆迁、政策处理等；③筹措建设资金，及时支付工程建设各项费用；④定期组织检查与考核；⑤组织交竣工验收；⑥交付前的运营管理	①可行性研究与工程招标；②完成征地拆迁、政策处理等；③筹措建设资金，及时支付工程建设各项费用；④定期组织检查与考核；⑤现场监督管理；⑥组织交竣工验收；⑦交付前的运营管理	①依法承担公路建设项目的工程质量、安全、进度、合同、计量支付、环境保护等建设管理；②定期组织检查与考核；③组织交竣工验收；④交付前的运营管理	①配合有关部门完成征地拆迁等工作；②协助项目法人，组织招标工作，并进行合同管理；③依法承担公路建设项目的工程质量、安全、进度、合同、计量支付、环境保护等建设管理和监理责任；④组织交竣工验收；⑤交付前的运营管理	①配合有关部门完成征地拆迁等工作；②协助项目法人，组织招标工作，并进行合同管理；③依法承担公路建设项目的工程质量、安全、进度、合同、计量支付、环境保护等建设管理和监理责任；④组织交竣工验收；⑤交付前的运营管理
权利与义务	项目工程归业主所有；投资、工程项目管理	项目工程归业主所有；投资、工程项目监管合一	代理业主行使职责；工程项目管理	收取服务费用；代理业主行使职责；提供项目管理、监理服务	收取服务费用；代理业主行使职责；提供项目管理、监理服务
适用范围	各等级公路	普通国省道公路、地方道路（含市政道路）等线性工程	各等级公路	高速公路、普通国省道公路	高速公路与高速公路新增互通、普通国省道公路与航道、地方道路（含市政道路）等线性工程
优点	①免除招投标、合同管理、工程变更、索赔与计量支付等报批程序；②工程项目管理全面负责；③工作界面清晰；	①免除招投标、合同管理、工程变更、索赔与计量支付等报批程序；②工程项目监管全面负责；③工作界面清晰；	①代建管理工作效率较高；②专业化管理水平较高；③配置精干人员，提升队伍素质；④有效落实代建工作，工作界面明确；	①代建与监理各司其职，工作效率较高；②专业化管理水平较高；③配置精干人员，提升队伍素质；④有效落实代建与监理工作，工作界面明确；	①工作界面清晰，避免代建与监理职责上的重复交叉，工作效率高；②专业化管理水平高；③改变监理盈利、代建亏损现状；④简化和优化工作流程与审批流程；

续上表

模式名称	传统工程建设管理模式	业主自管模式	传统代建管理模式	代建、监理一体化管理模式	代建与监理融合管理模式
优点	④不需要购买服务	④不需要购买服务	⑤有助于信息传递和沟通协调； ⑥降低业主廉政风险； ⑦代建服务节约工程管理成本	⑤有助于信息传递和沟通协调； ⑥降低业主廉政风险； ⑦监管一体化节约工程管理成本	⑤降低业主廉政风险； ⑥监管深度融合，优化人员结构，降低工程管理成本； ⑦投资控制得到真正落实； ⑧为企业转型发展探索出新路
缺点	①专业化管理水平不高； ②存在廉政风险； ③不利于项目管理市场化； ④工作效率不高； ⑤不利于管理人员自身发展	①专业化管理水平不高； ②存在廉政风险； ③不利于项目监管市场化； ④工作效率不高； ⑤不利于监管人员自身发展	①代建服务盈利不足； ②与监理单位职责交叉； ③人员编制较多； ④管理流程不够简化； ⑤业主过于介入审批程序，代建方权限不足	①管理职责存在交叉； ②没有发挥代建与监理单位的主观能动性； ③"两张皮"管理，服务不到位	①代建与监理融合管理市场化还需进一步培育与推广验证； ②由于取费标准相对较低，在中低等级公路上运营困难

通过比较各公路工程建设管理模式的优势，可知代建与监理融合管理模式的组织机构合理、模式特征高效、选用方式先进、地位与作用突出、适用范围广泛、管理优势明显、社会效益显著，此外，在优化管理流程与提升管理效率方面，代建与监理融合管理模式也具有显著优势。

（1）优化管理流程方面

将项目管理法人编写的管理大纲与监理单位编写的监理计划和监理细则合并，形成一套本项目唯一的管理性文件，改善管理性文件繁多却缺乏有效执行的情况。流程清晰，便于执行。

传统模式下质量控制流程主线在施工单位和监理单位之前交替，规定每道工序都必须经过监理工程师的验收认可才可以进行下一步施工，通过改革，应以施工单位为质量控制流程主线，监管单位以巡检为主，关键工序（参与质量评定的工序）检查合格后方可进行下一步施工，过程施工记录如模版安装记录、混凝土浇筑记录等以施工单位自检为主,相应的质检表格监管人员也不再签证。同时,优化了质检表格格式,使得监管人员抽检的数据与施工单位自检数据在同一张表格上反映,这样监管人员就不用再单独填写一套抽检资料,也促进监管人员现场检测现场签证。内业方面,优化了质监表格,取消检验申请批复单和施工放样报验单等表格,同时将监理需签证的表格数量大幅减少。

细化计量、变更等合同流程,把管理职责往现场前移,充分发挥现场监管部的现场督导作用,明确由现场监管部统一负责工程计量现场核验工作。

(2)提升管理效率方面

传统模式下一味强调要求监理单位进行全过程、全方位、全天候的旁站监理,使监理人员承担了大量本应由施工承包人负责的工作,甚至变相成了承包人的监工、领工员,不利于承包人主体责任的落实,导致监理工作质量下降,工作重点偏离了"初衷本意",难以发挥其应有的作用。监理人员应以巡查为主并加强重点关键工序旁站,要求对重要工程、隐蔽工程和完工后无法检测其质量或返工会造成较大损失的工程进行旁站,并在项目管理手册中予以明确。

传统模式的业主决策偏重费用控制和进度因素,而监理决策偏重质量和安全因素,两者有时候不统一,现在由一方决定,他们则会考虑费用进度+质量安全综合因素。个人监管既有业主协调管理职责,也有现场质量安全监管职责。在管理过程中,代建指挥部逐级落实责任,将本项目质量、进度、安全等目标逐级逐段分解到每一个监管人员,明确每个岗位的权限和职责,也就是划分责任田的方式,提高了监管人员的责任感、危机感和工作积极性。

5.4 试点遇到的困难与问题

要使代建与监理融合管理从试点进阶为一种常规的建设管理模式,除了要解决试点遇到的困难,还要考虑政策体制层面的问题,对代建与监理融合管理服务费取值标准、优化项目建设管理、大力培养专业化的管理人员、代建介入方式和时间选择与权限等方面问题进行分析与建议。

5.4.1 试点遇到的困难

工程建设时间的延长,给代建与监理融合管理工作造成了成本的直接增加,特别是普通国省道与地方道路工程项目的延期是工程建设中较为常见的一种现象,在试点项目中,三个项目均已出现工程延期的情况,具体分析如下:

(1)临安试点项目

项目于 2016 年 1 月 25 日正式开工,2018 年 1 月底进入延期阶段,2018 年 6 月临安陈家坞至市地公路改建工程、临安新联至横畈公路改建工程完成交工验收,至 2019 年 3 月,临安青山至大罗公路改建工程还处于延期阶段,预计 2019 年二季度能完工,按其实际成本分析如下:

①政策处理原因引起项目延期的风险。如果本项目按照合同施工期正常完工并交工,代建与监理融合管理的总成本为 1457.29 万元;由于政策处理的原因,项目已处于延期阶段,在增加约 600 万元服务费的基础上,如果本项目在 2018 年 8 月完工并交工,代建与监理融合管理的总成本为 1883.7396 万元,按 2397.9984 万元的代建与监理融合管理服务费计算出项目利润率为 21.45%。但根据实际情况,本项目工程全部完工预计在 2019 年二季度,再加上缺陷责任期及竣工验收阶段的费用支出,代建与监理融合管理的总成本肯定要超出代建+监理服务费了。

②技术和管理人员工资成本的大幅提升。本项目作为浙江省第一个代建与监理融合管理试点项目,代建、监理的岗位融合度相对较低,代建岗位和监理岗位的区分较为明显,随着代建、监理岗位的深度融合,部门、岗位设置可以更加精简,技术和管理人员的投入数量相对可以减少,但对人员的综合素质要求会大大提高。因此,部门、岗位设置精简后的人员投入总数会下降,但人均工资会大幅提升,根据测算,人员工资总额基本持平。

③该项目的驻地建设及标准化水平是相对偏低的,如果提高驻地建设及标准化水平,相关的费用也会相应增加,总成本就会相应增加,合同施工工期内的驻地建设及标准化费用将占到中标合同额的 5%~8%。

(2) 三门试点项目

该项目分属两地,项目建设体由三门段与宁海段组成,其中,工程主体以三门段为主。目前,三门段建设进度正常,而宁海段建设尚未开工,两地的进度不一致,必然造成整个工程的建设进度延期,这就给代建与监理融合管理带来难度,并加大了相应成本。

(3) 湖州试点项目

该项目代建指挥部受南太湖建设投资管理有限公司及四个分业主委托负责工程管理,在建设过程中产生了工程延期,给建设各方带来建设与管理困难,给代建与监理融合管理单位造成了较大的经济压力,增加了管理成本。

对于非代建与监理融合管理单位原因引起的代建与监理融合管理服务期延长,应按照代建与监理融合管理服务期延长的时间增加延长期费用,若代建与监理融合管理服务费的中标合同额与延长期费用总额超出概算取费标准的(即建设单位管理费+监理费),超出概算取费标准的代建与监理融合管理服务费从概算投资节余中进行列支。

5.4.2 试点实施的问题

1) 代建政策体制方面

《公路建设项目代建管理办法》没有明确代建人究竟是被委托人还是承包人,各省份关于代建各方责任权利的划分存在各自为政的现象。

很显然,如果代建制中的代建人接受业主(即投资方)委托,承担建设项目全过程管理工作,产生的民事责任由代建方承担,就与传统的代理含义相违背。

设计单位、施工单位已经适应了当前的建设模式。虽然履约方面,代建项目的监理,要比带有行政色彩的业主履行得好,但是不尽快明确监理代建的法律地位,一旦仓促开出"药方",就很难避免重新走进监理的误区。

此外,在参建各方的职责划分上,在代建管理办法中项目法人的主要职责是"审定代建单位工作方案、项目管理目标和主要工作计划,定期组织检查与考核"。该条款要求项目业主具备相应的技术能力,类似指挥部对监理的管理,易对代建与监理融合管理单位正常工作造成干扰,建议该职责由当地交通主管部门或质监部门履行。《公路建设项目代建管理办法》第十八条规定,项目法人不得有以下行为:干预代建单位正常的建设管理行为。该规定不够细化,难以准确界定。

2) 代建与监理融合管理服务费取值标准方面

代建与监理融合管理工作包括代建管理及工程监理两部分内容,从资源整合的角度考虑,其工作强度是代建与监理工作之和,但从费用支出的角度考虑,其综合费用应当比代建与监理费用之和节省,如此,才能充分体现代建与监理融合管理的"性价比"优势。

目前,工程概算项目中没有单独列支代建与监理融合管理服务费,只有建设单位管理费和工程监理费两项。对于试点项目,有关管理费用可以通过谈判、磋商来确定,但一旦形成招投标市场,则代建取费标准的设定是否合理,将会对代建与监理融合管理市场的成败起着至关重要的作用。只有合理设定代建取费标准,才能避免恶性市场竞争。

3) 优化项目建设管理方面

(1) 制度与激励机制

目前尚没有代建与监理融合管理模式下的施工招标文件范本,所有的施工招投标还是按照《浙江省公路工程施工招标文件范本》(2015版)进行的,不能体现代建与监理融合管理模式的特点与区别,对推行代建与监理融合管理模式不利,代建与监理融合管理单位在建设过程中也不能充分体现融合管理的优势,更好地进行项目建设管理。实行代建与监理融合管理模式,通过招标选择社会化、专业化的单位进行项目建设管理与监理工作,对项目的建设管理主要是通过执行合同的方式来履行的,规范制定与代建与监理融合管理模式相匹配的内容翔实、严密、流程清晰的合同文件,才能使建设管理的效果最终得到保证。

另外,要确保代建与监理融合管理手段的落实,以保证优良的工程质量与合理的施工进度,也需要充分调动施工单位的积极性,很有必要在建设过程中实行一定的奖罚措施(如质量风险金)。

(2)提升监理工作水平

《公路工程施工监理规范》(JTG G10—2016)以交通运输部《关于深化公路建设管理体制改革的若干意见》(交公路发〔2015〕54号)为主要依据,进一步调整完善了监理工作机制,以规范监理工作及参建各方行为。但在操作层面,如何进一步优化人员、精简监理内业工作,如何进一步提高监理效能,让监理工作回归咨询、项目管理工作的本质,真正实现推行代建与监理融合管理模式的初衷,更需要我们结合试点项目进一步深入研究。

(3)征迁拆迁政策处理

按业主和代建指挥部职责分工,征迁由业主负责,征迁滞后不仅影响工程开工时间、工程进度,对代建与监理融合管理单位管理的影响也非常大,不仅影响代建与监理融合管理单位对工程的管理,更影响了成本投入。交通运输部的代建管理办法仅规定征迁的责任,建议补充对征迁影响项目进度的问题作出相应说明和补偿的规定。

浙江省目前试点的合同条款,仅对工期延长有规定。但代建单位人员进场、服务期起算点等无相应规定,建议代建服务期以进场办公为起算点,以区别工程工期。

(4)应打造代建与监理融合管理统一模板

为了进一步推广代建与监理融合管理模式,扩大代建与监理融合管理业务量。在三个代建项目探索和实践的基础上,代建公司应组织力量理清代建与监理融合管理各个管理功能,统一代建指挥部处室职责和岗位职责。形成一批可复制的管理经验,打造国、省干线公路"品质工程"样板,向建设一流的交通基础设施和惠及国家社会的远大目标阔步前进。

4)复合型的项目管理人才方面

在行业方面,通过人才数据库的建设,"重个人资质、轻企业资质",不断优化代建企业不同层次人才结构及多样化的人才体系,使业务范围从工程施工阶段的质量监理变为涵盖项目评估、设计、咨询、工程监理及项目后评价的全过程项目管理服务。

目前,代建指挥部人员分别来自原指挥部、施工、及监理行业,部分监理人员思想观念和工作处理方式相对固化,短期内无法摆正自己是工作"决定者""主动者""推动者"的角色,从单一的监理到复合型管理人才还需要经历较长的过程。打铁还需自身硬,为更好地肩负起代建与监理融合管理工作的责任和使命,建议通过完善激励机制、健全人才培训体系、畅通晋升渠道、增加工资收入,实现建设管理人才的融汇集聚、快速成长、快速提升、快速输出,培养一批"敢担当、能担当、善担当"的项目管理人员。建议工程监管部可以由原公司监理人员担当,代建指挥部其他部室由有项目管理经验的人员担任。此外,管理人员在综合协调管理能力方面还有待提高,目前特别缺少经济、商务、管理、法律等方面知识比较齐全的人才,所以培养复合型的项目管理人才已经是当前急需深入考虑的问题。

5)代建与监理融合管理介入方式、时间选择与权限方面

目前,代建方式主要有四种:一是全过程代建(从立项批复到竣工移交);二是前期代建(从立项批复到初步设计批复);三是施工图设计阶段代建;四是施工招标后阶段代建。传统的建设项目管理模式,实行的往往是分段式管理,各阶段相互独立,无法从全寿命周期的角度约束项目承包人。

目前的试点项目代建与监理融合管理是从施工招标后阶段开始介入,这种方式以合同的手段促使代建与监理融合管理单位负责项目的阶段周期成本,从而最大化地实现运营目标和基础设施公共服务功能,在监管工程造价、质量、安全、进度等方面发挥更大的作用。此外,从代建和项目整体管理角度考虑,并结合代建企业的实际情况,管理介入还可以适当提前,即采取施工图设计阶段介入方式,这样可提早介入施工投标工作,参与施工招标相关条款的讨论,有利于施工过程管理与施工标段划分等。

推行代建与监理融合管理,核心还是代建,根据《公路建设项目代建管理办法》,当代建单位具有监理能力的,其代建项目的工程监理可以由代建单位负责,承担监理相应责任。而代建制从严格意义上来说,可分为"大代建"与"小代建"。"大代建"是项目出资人委托代建,即由项目出资人委托或通过招标方式确定管理单位来负责项目的建设管理,如对于政府投资项目,省内许多项目成立的工程建设指挥部代表政府负责项目管理。省外监管一体化模式中江西省的做法也属于这种范畴。这些被委托的代建单位即为项目建设管理法人,代替项目业主行使项目法人的职责。"小代建"是项目法人委托代管的概念,即由项目法人通过在市场上购买服务的方式,选择具有专业管理能力的代建单位协助其进

行建设管理,在项目法人授权范围内开展项目建设指挥、协调、管理等工作,不是真正意义上的项目建设管理法人,不能代行项目建设管理法人的职责。目前省内的代建与监理融合管理的三个试点项目中,都属于这种情况,项目业主均成立了相应的建设管理机构,负责招投标与合同的签订、征地拆迁、财务拨付等工作,代建与监理融合管理单位负责施工期的项目现场管理与协调。不参与工程前期工作与没有合同签订、财务拨付权利的代建与监理融合管理单位,不能更好地体现专业化的优势,难以优化设计、节约建设资金、提高工程质量,也限制了代建与监理融合管理单位的管理力度与手段。

5.5 试点项目最佳组合推荐与项目验证

5.5.1 试点项目最佳组合推荐

目前,临安、湖州、三门三个试点项目正在顺利开展中,部分工程已完成交工验收,试点效果得到了省市县各级主管机关、项目法人、社会相关方的一致好评。总结三个试点项目在模式特点、社会效益、优势等方面情况,进行综合比较后,得出现阶段的最佳组合推荐(表 5.2),为代建与监理融合管理模式的进一步推广起到了很好的指导与借鉴作用。

试点项目对比与最佳组合推荐　　　表 5.2

	项目名称	临安试点项目	湖州试点项目	三门试点项目	最佳组合推荐
模式特点	机构组成	4 部(监理办与试验室合并)	5 处 1 室(监理各专业,根据部门职责分工融入代建指挥部管理体系,纳入相应管理部门)	4 部 1 室(管理机构简化)	4 部 1 室(综合部、合同部、安全环保部、工程监管部、中心试验室)
	管理方式	道路、隧道项目代建+监理管理	代建指挥部受南太湖公司及四个分业主委托负责工程管理	海港特大桥项目代建+监理管理	精细化管理
	领导层工作分工与主要职责	1. 指挥长:对项目建设管理全面负责; 2. 总工:协助指挥负责相应技术管理职责; 3. 总监:协助指挥负责相应工作管理职责与分管监理工作;	1. 指挥长:全面负责代建指挥部管理工作; 2. 副指挥:协助指挥外联工作,分管代建指挥部日常管理工作;	1. 指挥长:全面负责代建指挥部管理工作; 2. 副指挥兼总监:协助指挥长负责相应管理职责与分管监理工作;	1. 指挥长:对项目建设管理全面负责; 2. 副指挥(可根据需要兼任):协助指挥外联工作,分管代建指挥部日常管理工作(根据工程规模大小而定);

续上表

项目名称		临安试点项目	湖州试点项目	三门试点项目	最佳组合推荐
模式特点	领导层工作分工与主要职责	4.咨询专家组：现场开展咨询服务	3.总工：分管代建指挥部技术管理工作，负责联系设计后续服务、变更等工作； 4.总监：分管监理工作，参与代建指挥部管理工作； 5.咨询专家组：现场开展咨询服务	3.总工：分管代建指挥部技术管理工作，负责联系设计后续服务、变更等工作； 4.咨询专家组：现场开展咨询服务	3.总工：协助指挥负责相应技术管理职责； 4.总监：协助指挥负责相应工作管理职责与分管监理工作； 5.咨询专家组：现场开展咨询服务
	管理效率	明确"代建+监理"功能定位；明确工作任务与界面划分；组建适合试点项目的代建指挥部；对管理工作进行优化、简化	提高管理效率，避免重复指令；减少设计变更，减轻业主负担；统一管理标准	简化管理机构与管理层级，节约管理成本	—
	办公面积	500m²	原市北公司办公楼700m²	450m²	根据项目建设规模大小选取：400~1000m²
	人员数量	28人	28人	18人	根据项目建设规模大小选取：15~32人
	服务费	批复概算：130650万元，代建与监理融合管理服务费：1797.9984万元（代建与监理融合管理服务费用按批复概算中建设单位管理费+工程监理费总和的近60%计取）	批复概算：219850.06万元，代建与监理融合管理服务费：4271.6781万元（代建与监理融合管理服务费用按批复概算中建设单位管理费+工程监理费总和的近80%计取）	批复概算：94647.92万元，代建与监理融合管理服务费：2403.3万元（代建与监理融合管理服务费用按批复概算中建设单位管理费+工程监理费总和的80%计取）	代建与监理融合管理服务费=基本代建与监理融合管理服务费（试点经验与权重计算相结合计算）+项目概算节余提成（分段计算）
社会效益	组织成本降低	√	√	√	√
	政府负担降低	√	√	√	√

续上表

项目名称		临安试点项目	湖州试点项目	三门试点项目	最佳组合推荐
社会效益	是否公开招标	√	√	√	√
	监督积极性提高	√	√	√	√
	管理集中化、专业化	√	√	√	√
介入阶段		施工招标后阶段介入	施工招标后阶段介入	施工招标后阶段介入	施工图设计阶段介入（该阶段较试点项目提前，更有利于融合管理）
主要优势与不足	主要优势	合并重复管理活动；审批流程优化、简化；精简不必要的签认；调整试验检测管理职能；调整旁站项目；优化工序验收和抽检评定；强化巡视检	制定标准化建设方案，并按方案实施与验收；强化视频监控，远程广播干预；开展安全教育及考核评比；建立安全体验中心及民工培训学校	专业化精英队伍管理，帮助解决工程施工难题；协助项目业主完成项目施工安全总体风险评估、质量安全监督手续办理、施工许可办理等；编制完善项目代建与监理融合管理计划、项目管理制度、项目管理用表，并应用于项目管理；协助业主进行政策处理	1.避免代建与监理职责上的重复交叉，工作效率高；2.专业化管理水平高；3.监管深度融合，减少人员配备，降低工程管理成本；4.改变监理盈利、代建亏损现状；5.简化和优化工作流程与审批流程；6.降低业主廉政风险；7.投资控制得到真正落实；8.激活市场机制，为监理、咨询企业转型发展探索出新路；9.深化行政审批制度改革
	不足	本地化施工企业技术力量相对薄弱，标准化管理相对困难	代建方与业主的工作界面需进一步细化，有些业主对代建工作干预度过大，代建工作对工程费用支付的权限分界线由各地政府的具体办法确定	在交通行业以外的社会认可度较弱，处理对外问题时一般被误认为是监理行为；协助业主处理问题所发挥的作用不足；应在体制体系上进行顶层设计来对应代建与监理融合管理制度执行	

5.5.2 项目验证

1)杭州绕城高速公路西复线建设工程

该工程为 EPC 设计施工总承包项目,是指公司受业主委托,按照合同约定对工程建设项目的设计、采购、施工、试运行等实行全过程或若干阶段的承包。通常公司在总价合同条件下,对其所承包工程的质量、安全、费用和进度进行负责。

杭州绕城西复线主要分为两段:湖州段、杭绍段,全长约 152km。以湖州段为例开展项目验证,该段起于德清东部,终于湖州德清与杭州余杭交界姜家山附近的唐家畈村,顺接杭州段主线。路线全长 50.8km,按双向六车道高速公路标准建设,总投资约 123.1 亿元,设计速度 100km/h,2017 年 10 月开工。杭州绕城西复线指挥部(湖州段)下设综合办、工程处、合同处、安全处、征迁处等部门,项目管理人员约为 48 人,属于相对较为精简的指挥部;项目监理办下设工程质量部、安全部、合同部、试验室、办公室、驻地办等部门,监理人员约为 35 人,监管总人数约为 83 人,办公总面积约为 $1790m^2$。

如按照代建与监理融合管理模式开展监管,根据前述的工程试点测算,总人数约为 60 人,办公总面积约为 $900m^2$,监管机构可融合为综合部、合同部、安全环保部、工程监管部、中心试验室,机构精简了 55%,办公面积节省了 50%,管理费用可节约 22%,监管人员结构优化 28%。

通过此项目各项指标估算验证,在高速公路项目若采用代建与监理融合管理模式开展监管,可有效控制项目监管投资,优化机构。

2)沪杭高速公路许村段改建工程

该工程为 EPC 设计施工总承包项目,是 2022 年亚运会重大交通基础设施配套项目,采用原位抬升方式建设,按上层高架桥、下层地面道路的标准建设,其中高架部分按双向六车道高速公路标准建设,路线全长 6.7km,项目批复总投资 31.43 亿元,2019 年 10 月开工。该项目由浙江公路水运工程咨询有限责任公司与浙江交科公路水运工程监理有限公司组成联合体开展代建与监理融合管理,代建指挥部下设综合部、合同部、安全环保部、工程监管部、中心试验室等。总人数为 32 人,办公总面积约为 $535m^2$,机构精简了 55%,办公面积节省了 52%,管理费用可节约 26%,监管人员结构优化 33%。这也验证了代建与监理融合管理模式适用于高速公路建设项目。

第6章 代建与监理融合管理的信用评价与约束机制框架体系

目前,我国正处于深化改革的攻坚阶段,信用缺失已成为我国市场经济健康发展的重大公害。公路工程代建与监理融合管理企业与管理人员信用是社会信用的重要组成部分,是个人或组织从事代建管理活动,遵守正式承诺,履行义务,遵循建设管理行业公认的行为准则能力的综合评价。代建与监理融合管理的可能失信行为主要发生在项目管理实施过程中,直接影响着公路建设项目工程质量、进度和其他要素的过程控制以及项目效率、效益的提升,导致项目管理的风险增加,从而抑制社会认同度和代建与监理融合管理绩效的提高。因此,代建与监理融合管理模式下的信用管理已经成为我国现阶段代建制向纵深发展和赢得社会各界支持所亟待解决的问题。

现有的法律法规对于代建与监理融合管理企业信用评价与约束机制没有明确的考核标准,在项目管理的整体考核和人员考核方面没有适合的标准。因此,需对代建与监理融合管理企业与管理人员开展信用评价与约束机制研究。

6.1 企业信用评价与约束机制框架体系

1)代建与监理融合管理与其他类型企业信用评价的结合

在前文的代建与监理融合管理准入分析中提到,代建与监理融合管理单位的准入条件一般应是同一家企业(或上下级母子公司或绝对控股关系),并同时具备双资质。前文同时对设计、施工、咨询监理等在浙从业企业情况进行了分析研究。因此在代建与监理融合管理企业信用评价与约束机制研究时应与设计、施工、咨询监理等企业信用评价进行有效结合,本书主要以《浙江省公路水运工程设计企业信用评价管理办法》(浙交〔2015〕231号)、《浙江省公路水运工程施工企业信用评价管理办法》(浙交〔2015〕232号)、《浙江省公路水运工程监理信用评价管理办法》(浙交〔2014〕110号)为依据开展代建与监理融合管理企业信用评价办法的综合分析。从信用评价内容、方式、等级、程序、资料、结果运用、评价指标等方面进行结合性分析,提出其评分计算方法、等级评分分类、程序流程、自查自评表及相关考证资料、结果运用诚信档案与招标评分、评价内容指标分解的建议,对"代建+监理"企业实施信用动态管理。

2)代建与监理融合管理企业信用评价内容和方式

评价内容:主要包括代建与监理融合管理机构组织保障,项目进度管理,项目质量重点环节管理,项目费用管理,项目合同管理,项目协调管理,项目现场管理,项目档案管理,项目监督检查等方面内容。

评价方式:采取日常评价和综合评价相结合的方式进行。代建与监理融合管理主管部门根据项目特点和工程建设进度,选择项目基础完工、主体封顶和竣工验收及交付使用等重要节点,并结合日常考评情况对代建与监理融合管理项目进行综合评价。

考评以100分为基本分,具体评分标准见表6.1。代建与监理融合管理企业信用评价周期为1年。每年评价的时间段为评价年度的1月1日至12月31日。

对于承担多个代建与监理融合管理项目的企业,按照各项目的信用评分与合同金额进行加权平均,结合在评价总分中的加(扣)分值计算其信用综合评分。代建与监理融合管理企业信用综合评分计算公式如下:

$$C = \frac{\sum_{i=1}^{n} F_i \cdot H_i}{\sum_{i=1}^{n} H_i} \tag{6.1}$$

式中:C——代建与监理融合管理企业的信用综合评分;

F_i——某一代建与监理融合管理项目的信用评分;

H_i——某一代建与监理融合管理项目的服务费;

i——代建与监理融合管理项目;

n——企业的代建与监理融合管理项目总数。

3)信用评价等级

代建与监理融合管理企业信用评价分 AA、A、B、C、D 五个等级。各等级对应的信用综合评分为:

AA 级:信用综合评分≥95 分,信用好;

A 级:85≤信用综合评分<95 分,信用较好;

B 级:75≤信用综合评分<85 分,信用一般;

C 级:60≤信用综合评分<75 分,信用较差;

D 级:信用综合评分<60 分,信用差。

信用评价应当遵循公平、公正、公开的原则,评价结果实行公示公告制度。

4)信用评价程序

(1)代建与监理融合管理企业自评;

(2)建设单位复评;

(3)各地市交通运输局(委)审查;

(4)省交通工程质量监督管理局(省交通工程管理中心)审核、汇总信用评价结果并向社会公示;

(5)省交通运输厅审定和发布信用评价结果。

5)被评价的代建与监理融合管理企业应提供的资料

项目代建与监理融合管理工作小结(包括投资管理、项目进展、质量和安全管理等总体情况以及项目日常管理实施情况);代建与监理融合管理企业信用评价内容指标分解落实情况、自查自评表及相关考证资料。

6)代建与监理融合管理企业信用评价结果的运用

代建与监理融合管理企业信用评价等级记入代建与监理融合管理企业诚信档案,并作为代建与监理融合管理招标实力和信誉评分依据。

7)代建与监理融合管理企业信用评价内容指标分解(表6.1)

信用评价内容指标分解　　　　　　　　　　　　表6.1

评价内容指标	评价指标目标值及标准	扣分项说明	分值
机构组织保障 (X_1)	落实代建与监理融合管理合同管理制。严格按招标文件和投标文件约定和承诺签订代建与监理融合管理合同;在合同签订前报代建与监理融合管理的主管部门审查备案,并提供招标文件明确的合同履约担保有关证明	检查代建与监理融合管理合同签订情况及审查备案和履约担保落实情况。未按时签订合同扣分,未按要求审查备案扣分,未出具履约担保函扣分	X_{11}
	落实项目指挥长制。代建与监理融合管理合同签订后代建与监理融合管理单位应当成立项目代建指挥部,委托投标承诺的项目负责人担任代建指挥长,并确保代建与监理融合管理人员到位,指挥长、总工、总监等领导层与下属职能部门主管未经招标人书面批准和主管部门备案不得更换	检查代建指挥部成立文件和代建人员到位情况。 ①投标文件承诺的代建指挥部主要领导未经书面批准自行更换扣分; ②派驻现场的施工现场管理人员和其他主要专业人员未按投标文件承诺到位,按人次扣分(无论批准与否)	X_{12}
	落实岗位责任公示制。代建指挥部应在项目现场醒目公示代建机构名称,在现场办公场所醒目公示代建指挥部组织机构、人员、岗位职责等	查看资料和现场。缺项扣分	X_{13}

续上表

评价内容指标	评价指标目标值及标准	扣分项说明	分值
项目进度管理（X_2）	代建指挥部应结合投标承诺和项目实际情况，编制项目总体工作计划和年度工作计划，报使用单位和项目行政主管部门，作为整个项目工作进度管理的依据	查看资料和了解有关情况。未编制扣分，编制但未报扣分	X_{21}
项目费用管理（X_3）	代建指挥部应当根据项目特点、使用单位或项目行政主管部门要求，建立项目费用管理电子台账。台账应当包括但不限于以下内容：项目报批报建情况、招标情况、重大设计变更和重要会议等事项、费用支付明细	查看有关目录清单、附件资料和了解有关情况。未建立费用电子台账扣分；建立了但缺项的，缺项扣分	X_{31}
项目合同管理（X_4）	代建指挥部应当负责工程合同的洽谈和签订，执行合同谈判、合同文本会审与签批程序后，才能签订合同，同时按相关规定及时进行合同备案	查看资料和核实有关情况。未进行合同谈判、合同会审和签批程序扣分；未按相关规定及时进行合同备案扣分	X_{41}
	代建指挥部应当建立合同管理台账，内容主要有合同名称、委托方（或发包人）单位名称、受委托（或承包人）单位名称、合同价款、合同期限、合同履行标准、合同内容、合同范围、合同生效时间（或签订时间）、合同执行情况等	查看资料和核实有关情况。未建立合同管理台账扣分；缺项扣分	X_{42}
项目质量重点环节管理（X_5）	代建指挥部应当组织专业人员对勘察、设计和概预算等成果从设计优化和概预算控制等方面进行审核，确保项目投资"估算控制概算、概算控制预算、预算控制决算"原则的实现	情况介绍和查看相关审核程序及资料。对设计成果、造价内容和指标未从设计优化和概预算控制等方面进行审核并提出审核意见扣分，缺项扣分	X_{51}
	代建指挥部应当依法依规组织招标和采购活动，对招标采购文件等招标采购资料进行审核把关并提出审核意见	情况介绍和查看相关审核程序及资料。未审核扣分，未提出相关审核意见和要求扣分，缺项扣分	X_{52}
	代建指挥部应当严格执行支付审核制度。对各专业单位报送的支付申请进行审核，形成审核意见后方可执行审批程序	情况介绍和查看相关审核程序及资料。未审核扣分	X_{53}

续上表

评价内容指标	评价指标目标值及标准	扣分项说明	分值
项目质量重点环节管理 (X_5)	代建指挥部应当严格执行工程变更审批制度。加强工程变更的经济、技术评审,对工程变更的工程量及造价进行审核	情况介绍和查看相关审核程序及资料。未审核扣分	X_{54}
项目协调管理 (X_6)	协调与使用单位及政府监管部门关系,理顺建设程序,积极开展报批报建等各项工作	听取建设单位或其主管部门意见,了解实际情况。酌情扣分	X_{61}
	协调各参建单位及专业工程施工单位关系,协调与项目所在地周边社区、属地政府各部门关系,为项目创造良好内外部环境	听取建设单位或其主管部门意见,了解实际情况。酌情扣分	X_{62}
项目现场管理 (X_7)	代建指挥部应当对代建与监理融合管理项目的质量、进度、安全与文明施工等管理内容采取定期和不定期相结合的方式进行监督检查,形成监督检查记录台账,对监督检查中发现的问题予以协调处理;建立工作联系单制度,并负责施工过程中的日常巡视、旁站、抽检,审批各类施工方案、报告、申请、验收、现场计量、质量评定、编写监理月报、监理工作报告与监理交竣工文件等	查看资料和核实有关情况。未形成监督检查和记录台账扣分;对发现问题未及时协调处理或未建立工作联系单制度扣分	X_{71}
	定期组织和参与现场各单位、使用单位等多方参与的工作例会,通过会议形式讨论项目管理中存在的问题和需要协调的事项,并形成相关会议纪要	查看资料和核实有关情况。未建立工作例会制度扣分,未就会议讨论的重要事项形成相关会议纪要扣分	X_{72}
项目档案管理 (X_8)	代建指挥部应当设置专职(或兼职)人员负责代建与监理融合管理项目相关资料的归集、整理、保管及移交工作,并根据建设程序和项目特点,做好代建项目资料的归档工作,并督促相关参建单位及时做好相关资料的形成和归集整理工作	查看资料和核实有关情况。未设置专职(或兼职)人员负责项目相关资料的归集、整理、保管及移交工作扣分;未根据建设程序和项目特点按阶段分期进行项目资料归档工作,档案管理混乱扣分	X_{81}

续上表

评价内容指标	评价指标目标值及标准	扣分项说明	分值
项目档案管理（X_8）	在档案资料的原件移交前,代建指挥部应当对档案资料的完好性负责。代建与监理融合管理单位应当按使用单位或项目行政主管部门和档案管理部门的要求办理相关移交手续	查看资料和核实有关情况。档案资料收集不及时或不全,严重缺失扣分;未按要求办理相关移交手续扣分	X_{82}
项目监督检查（X_9）	落实年度计划目标要求。代建指挥部应结合代建周期要求和项目总体工作计划,为使用单位制定年度工作计划,计划时间安排到月,任务细化,目标明确,并于每年度1月底前报主管部门,作为代建与监理融合管理单位信用评价的重要依据	查看资料和核实了解有关情况。未编制报送扣分;现场核实计划目标完成情况,未完成扣分	X_{91}
	落实项目管理月报制。代建指挥部应当结合项目管理台账、月报格式和内容要求,如实形成代建与监理融合管理项目管理月报,并在每月10号前报送使用单位或项目行政主管部门	查看资料和核实了解有关情况。未实行月报制扣分;缺报扣分;未按时报送月报扣分;现场核实月报相关情况,情况不实扣分	X_{92}
	代建指挥部应向主管部门报告交底会、例会、专题会议时间,以便统筹安排参会人员、时间	原则上每季度到现场不少于一次,每次对代建指挥部会议组织协调和现场管理作出评价,酌情定分	X_{93}
	涉及项目重大设计变更、概算调整等事项应及时专题报告主管部门,并按程序和要求报批	查看资料和核实有关情况。涉及项目重大设计变更、概算调整等事项未及时专题报告,或未按程序和要求报批扣分	X_{94}
	按代建与监理融合管理合同约定申请支付服务费时,支付申请报告报主管部门备案	查看资料和核实有关情况。未按要求备案扣分	X_{95}
	依法组织招标和采购活动,并将经相关职能部门审批备案的设计、施工等招标文件和中标通知书送主管部门备查	查看资料和核实有关情况。未按要求送主管部门备查扣分	X_{96}

注：$\sum_{i=1}^{n} X_i = 100$，$X_i = \sum_{j=1}^{m} X_{ij}$，$n = 9$。

评价分值大小的选取需由专家与经验法则综合评定,扣分分值大小应征询建设各方与专家来综合确定。

6.2 管理人员信用评价与约束机制框架体系

项目管理和监理的权利责任集中,缺乏监督制约机制,纠偏能力相对较弱。在代建与监理融合管理模式下,管理人员权力相对集中,执行力较强,但同时也造成在项目管理过程中出现的偏差不易被发现,当发生决策偏差时,没有第三方提出更合理方案和意见。

主管机关应加强对管理人员的管理,完善管理人员的信用评价体系。所有管理人员上岗前必须通过业务能力考核,并且定期组织管理人员进行业务知识学习,实行人员动态管理,优胜劣汰,对不符合要求的管理人员及时清退,并纳入信用评价管理。

管理人员信用评价实行累计扣分制,扣分标准见表6.2。管理人员信用评价周期为3年,从第一年1月1日起至第三年12月31日止。信用评价周期内,对管理人员失信行为扣分进行累加。对累计扣分分值大于等于12分但小于24分的管理人员,在其数据库资料中标注"评价周期内从业承诺履行状况较差";对累计扣分分值大于或等于24分的管理人员,在其数据库资料中标注"评价周期内从业承诺履行状况很差"。

在代建与监理融合管理招标评标中,应当根据管理人员评价周期内的累计扣分分值予以扣分。评价周期内累计扣分分值小于12分的管理人员不扣分,累计扣分分值大于或等于12分但小于18分的扣1分,累计扣分分值大于或等于18分但小于24分的扣2分。

评价周期内累计扣分分值大于或等于24分的,列入"信用不良的重点管理对象"加强管理。

代建与监理融合管理的管理人员信用评价扣分标准 表6.2

序号	失 信 行 为	扣分标准
1	管理人员因行贿受贿、吃拿卡要等行为,被认定构成犯罪或被有关部门查处的	Y_1分/次
2	使用假冒职业资格证书的	Y_2分/次
3	被交通运输部通报批评的	Y_3分/次
4	在重大质量事故或较大及以上等级安全生产责任事故中负有主要责任的	Y_4分/次

续上表

序号	失 信 行 为	扣分标准
5	将不合格的单位、分部、分项工程按合格签字的	Y_5分/次
6	将不合格的工序、建筑材料、建筑配件和设备按照合格签字的	Y_6分/次
7	在环保事件中负有责任的	Y_7分/次（视责任程度扣）
8	管理人员存在造假行为的	Y_8分/次
9	被省级交通运输主管部门、质量监督机构或省级其他行政主管部门通报批评或行政处罚的	Y_9分/次
10	在重大质量事故或较大及以上等级安全生产责任事故中负有责任的	Y_{10}分/次
11	在一般质量事故或安全生产责任事故中负有责任的	Y_{11}分/次
12	在重大安全生产事故隐患中负有责任的	Y_{12}分/次
13	在质量问题中负有责任的	Y_{13}分/次
14	被地（市）级交通运输主管部门、质量监督机构或地（市）级其他行政主管部门通报批评或行政处罚的	Y_{14}分/次
15	出借职业资格证书的	Y_{15}分/次
16	无正当理由,不履行劳动合同的	Y_{16}分/次
17	从事管理工作未进行从业登记或业绩登记的	Y_{17}分/次
18	违规代签管理资料的	Y_{18}分/次
19	现场管理人员无正当理由不到岗、不出勤的	Y_{19}分/次
20	使用假学历、职称、职业资格证书的	Y_{20}分/次

注：扣分标准 Y_i 取值大小应征询建设各方与专家来综合确定。

监理工作按原有的行业信用评价办法进行评价,建立对代建指挥部工作信用评价办法,最后按分项权重法构建代建与监理融合管理企业整体信用评价体系。

第7章 结论与展望

7.1 结论

(1)开展公路工程项目的代建与监理融合管理研究非常有必要。

通过对公路建设监管现状分析可知,现有的建设管理和施工监理在浙江省公路快速发展中起到了积极而明显的作用,同时存在工程监管机构重复设置、专业化管理水平不高等问题。根据《交通运输部关于全面深化交通运输改革的意见》与《浙江省交通运输综合改革试点实施方案》的要求,建立科学高效的公路建设项目管理模式,政府和市场的关系更加清晰,管理效能不断提升,建设管理专业化水平显著提高。创新项目管理模式,项目法人通过招标等方式选择符合项目建设管理要求的代建与监理融合管理单位承担项目建设管理工作。代建与监理融合管理单位受项目法人委托,依据服务合同开展工作,履行法律法规中的项目指挥部职能,并融合了社会监理的职能,对工程建设现场进行监督管理。因此,开展公路工程代建与监理融合管理研究非常有必要。

(2)代建与监理融合管理模式具有一定的国家法规政策上的支持,也符合目前国际、国内管理模式的发展趋势。

根据前文所述,项目代建与监理融合管理单位同时进行工程监理是具有管理理论基础的,两者没有矛盾,是合理的。项目代建与监理融合管理单位参与工程监理无明显的法律法规障碍,具有法规支撑,是合法的。对于实行项目代建制和工程监理制的有机统一,从根本上来说,就是要以强化综合资质为手段,以专业资质分类分级管理为基础,以综合项目管理服务为龙头,以专业监理为补充,构建综合与专业、监管与服务、代建与监理,分工协作、相互促进的和谐的新型项目管理队伍。同时,进一步深化项目管理体制机制的改革,综合实力强的监理企业应主动作为,以发展工程项目管理全过程服务功能为导向,培育打造一批综合型现代项目管理企业。

(3)推行代建与监理融合管理模式是必要和可行的。

代建与监理融合管理模式与其他项目管理模式相比,组织机构合理、模式运行高效、选用方式先进、地位与作用突出、适用范围广泛、管理优势明显,此外,在优化管理流程与提升管理效率方面,代建与监理融合管理模式也具有优势。

在公路工程项目建设过程中,代建与监理融合管理模式主要适用于项目法人自身的管理能力和经验较为薄弱,需要委托专业化的项目管理公司或咨询公司协助管理的情况。

代建与监理融合管理模式通过选择拥有代建能力强、监理水平高的代建与监理融合管理单位,实现项目管理和监理的整体融合,减少了管理层次,提高了项目管理专业性,发挥了市场资源配置的功能。此模式作为一种新兴的管理模式,为项目管理提供了极大的灵活性,也增加了公路建设市场活力,为投融资多元化创造更好条件,并为监理改革提供途径。因此,代建与监理融合管理模式既具有必要性又具有可行性,应该持续深化、全面推广。

7.2 展望

要使代建与监理融合管理从试点进阶为一种常规的建设管理模式,除了要进一步解决制度与法律法规层面的问题,还要考虑以下问题:

(1)加强专业化人才培养。

代建与监理融合管理单位负责项目实施过程中的建设管理,管理人员应具备工程技术、经济管理相关背景知识,熟悉相关建筑法律法规,清楚建设基本程序,具备丰富的现场管理经验。

在人才培养机制方面,一是建立管理人员职业化机制,参照国家相关执业资格管理进程,建立管理人员任职资格管理体系,明确管理人员任职资格,通过行业管理保障整体素质水平;二是建立管理人员绩效考核机制,以岗位要求为基础,以能力和贡献为重点,建立量化的评价制度;三是建立管理人员激励机制,通过待遇留人、环境留人、事业留人等举措,加快选拔、培养优秀的管理人才。

通过建立人才培养的职业化机制、考核和激励机制,可以更好地通过市场配置资源,实现人才的自由、合理流动,在一定程度上缓解专业技术人才市场供需不对称的矛盾。

联合交通行业高校对交通建设行业的专业人员进行代建与监理融合管理在

管理模式、法律法规、建设程序、工程技术、工程监理等方面的培训,全面提升代建与监理融合管理的专业化人才素质。

(2)市场化培育。

长期以来,工程建设行业已形成完整的产业链,包括工程投资、工程咨询、勘察设计、施工、监理、造价咨询、运营维护与管理等。而欧美国家的大型工程公司具备承担工程咨询、勘察设计、施工管理等多方面业务的能力,承担工程总承包管理、项目咨询服务等高端业务。但从我国的现状来看,参建企业在建设管理方面的能力远低于其他业务的能力,更不能与国外的大型企业相比。

在行业管理层面需要注意:一是要对代建与监理融合管理企业准入制严格把控;二是做一些支持性文件,出台相关政策不能太死板,要从产业策划开始,向项目策划发展;三是应确保市场需求、发育,然后再规范。

(3)市场化推广机制与宣贯。

随着加快实现政府职能转变,推进政府简政放权,加大政府购买公共服务力度,处理好"政府与市场、政府与社会"之间关系等一系列国家政策的推出,政府更加强调尊重市场,加大市场培育力度,尊重市场主体的选择,减少微观干预。同时,进一步推进新的公路工程代建与监理融合管理试点,通过试点样本的扩大,进行市场化推广的持续验证,使本模式能全面适应现阶段各级各类公路建设的需要。

应当提倡和鼓励项目法人充分利用市场配置社会专业机构力量,加大采购代建管理服务力度,才能快速培育代建管理市场,提高公路项目建设管理水平,同时规避和化解伴随市场经济周期、工程投资规模波动所带来的"机构涨缩和人才冗缺不定"的重大影响。

代建与监理融合管理单位应借助各级部门、相关媒体做好社会、行业宣传工作,邀请省交通运输厅代建工作小组到实施代建与监理融合管理试点的各地,对各级交通主管部门、业主等进行宣传推广,减少代建工作推动的阻力。这有利于代建与监理融合管理试点项目的顺利实施,有利于行业认可和社会满意,有利于推进国、省、乡道公路"品质工程",有利于打造全国现代交通示范区,谱写交通建设新篇章。

(4)持续探索代建与监理融合管理服务费取值标准与支付方式。

本书已提出一个代建与监理融合管理服务费取值标准的推荐方案与支付建

议,但因每个项目的建设规模、技术复杂程度、实施阶段等都会有所不同,具体取费标准不能"一刀切",还是由市场来决定较为妥当,通过将来市场上的大量项目探索试点,最终制定合理有效的代建与监理融合管理服务费取值标准与支付方式。

(5)优化项目建设管理。

通过3个试点项目的综合比较,给出了现阶段的最佳推荐结果,由于试点数量总体偏少,还需在管理方式、组织构架、人员配置、办公面积、监理试验与第三方检测、优化监理工作、征迁拆迁政策处理等方面通过试点项目改革的持续深化来解决问题。

(6)深化推广代建与监理融合管理项目应用。

持续探索代建与监理融合管理模式的特点及长处,从实际项目工程出发,大力提倡改革创新。对管理模式的实施进行总结分析,不断促进代建与监理融合管理模式的完善,在高等级公路建设项目中加以持续推广,在地方一般公路及其他各类别公路工程建设中进一步开展推广应用,从而在未来公路建设管理市场中发挥更大的作用。

参 考 文 献

[1] 刘蕙婷,杨文广.公路项目建设管理三种模式比较分析与选择[J].中国工程咨询,2017(7):53-55.
[2] 蒲华,习明星.基于监管一体化与设计施工总承包的高速公路项目管理模式研究[J].公路与汽运,2015(6):203-206.
[3] 刘勇,泮俊,汪劲祎.海南琼乐高速公路代建与监理一体化模式应用研究[J].公路交通科技-应用技术版,2017(5):321-323.
[4] 俞小芸,吴颖峰.公路工程资料管理[M].北京:中国电力出版社,2019.
[5] 习明星.公路建设项目改进的传统模式试点与探索[J].中国工程咨询,2017(10):76-78.
[6] 杨文广.公路代建与咨询行业发展浅谈[J].中国工程咨询,2016(2):74-76.
[7] 张中林.公路项目代建制管理探讨[J].交通标准化,2014(1):94-98.
[8] 王鹏,鲍志清.项目管理和监理一体化项目界面管理研究[J].建设管理,2011(4):9-11.
[9] 汪祥立,赵爱芹,林水荣.公路建设项目"代建、监理一体化"管理模式中管理成本分析[J].公路交通科技-应用技术版,2017(12):26-27.
[10] 张治凯.新疆公路交通项目代建实践探讨[J].武汉职业技术学院学报,2014(1):21-24.
[11] 吴颖峰.公路工程代建融合监理监管模式应用研究[J].公路与汽运,2020(5):153-157.
[12] 孙庆云,陈武林,吴颖峰.公路建设项目"代建+监理"管理模式研究[J].公路与汽运,2019(1):156-159.
[13] 谢晓如,张国军.公路建设项目代建监理一体化模式试点与探索[J].中国公路咨询,2017(8):67-69.
[14] 王满良.政府投资公路建设项目代建服务取费问题研究[J].中外公路,2010,30(4):326-329.
[15] 黄善明.高速公路代建项目关键问题研究[D].武汉:武汉大学,2014.
[16] 向吟秋.高速公路建设项目代建制管理模式研究[D].重庆:重庆交通大学,2013.
[17] 郭青.代建制下公路建设工程监理效果评价研究[D].石家庄:石家庄铁道大学,2017.